図書館員選書・22

専門図書館のマネジメント

豊田恭子
藤井昭子
山田　奬　著
山本達夫
吉崎　保

日本図書館協会

Principals of

Special Libraries Management

専門図書館のマネジメント / 豊田恭子[ほか]著. － 東京 : 日本図書館協会, 2000. － 215p ; 19cm. －（図書館員選書 ; 22）. － ISBN4-8204-0022-3

t1. センモン トショカン ノ マネジメント a1. トヨダ, キョウコ s1. 専門図書館 ①018

まえがき

「図書館はサービス業としての経営体である」——これが本書に一貫して流れている第一の基本思想である。

「すべての図書館は専門性をもつことによってのみ発展することができる」——これが第二の基本思想である。

情報を流通させることを基本的な使命としている多くの図書館は，現代社会から多くのインパクトを受けている。それは，情報技術，ネットワーク技術，利用者，情報関連産業等からのものである。さらに，最近の社会全体の風潮として政治，経済，社会現象等がより多くの場面で専門性，すなわちテーマ性を追求していることとも強く関係している。サービス業としての図書館は，これらのインパクトを自らの糧として吸収し，利用者に満足してもらえる情報を的確に，かつタイムリーに調査，収集し提供することに努力を傾注している。このなかで，専門図書館は自己の専門分野をコアに，基本使命である情報提供サービスのいっそうの向上をめざして組織，機能のあるべき姿をつねに模索している。

米国専門図書館協会（Special Libraries Association, SLA）は専門図書館をつぎのように定義している。「専門図書館はある特定の目的を追求する組織体の1部局を構成し，そこに働く館員は，親機関

の被雇用者として，親機関の利益とスタッフの情報ニーズに適合した図書館サービスを提供することが使命である。」また，米国図書館協会（American Library Association, ALA）は「専門図書館とは，専門的情報を入手し，これを提供するために設けられている図書館である。コレクションとサービスの範囲は，上部もしくは親組織の関心のある主題に限定される」としている。

これらに共通しているのは，親機関（親組織）に専門的情報サービスを提供するという点にある。たしかに，多くの専門図書館は親機関に所属しているし，このことが専門性を規定している。しかし，組織に属しているからといって，そこに全面的に依存していては専門図書館としての機能をよく果しえない。しかも，親機関に関心のある主題だけに自己の活動を限定していては，社会の変革に伴う情報ニーズを十分に満たすことはできない。このためには，専門図書館が独立した経営体としての強い意識と使命感をもって組織内の情報流通をリードし，さらに改革していくことによって情報力の強化に結びつける必要がある。

専門図書館を経営体として運営していくためには，経営方針，資源の配置・活用，人材，ビジネスフィールド，ビジョン等を多面的に，かつ相互に関連づけて，時代の要請をも取り入れて明確にしていかなければならない。

本書では，こうしたマネジメントにかかわる諸相を，上述した専門図書館の定義を越えて論じている。なぜならば，冒頭にも記したように，すべての図書館は専門性をもつべきであると考えているために，専門図書館のマネジメントには，多くの点で館種の違いに関

まえがき v

係することなく共通することがあるといえるからである。すなわち，基本的には図書館は時代を越えて進化していく有機体，すなわちビジネスであるととらえている。したがって，例えば，専門性を突き詰めていくとどうなるか，あるいは取り扱う対象が情報から知識へと広がっていくと運営やスタッフはどうなるのか等変革の方向を予測しつつ，一般的なマネジメントの課題をとりあげると同時にサービス，コレクション，ネットワーク，ワンパーソン・ライブラリーの運営など多くの切り口から論じてきている。

　本書の執筆にあたって，できるだけ情報を取り扱うにあたっての最新の技術，情報をもりこんだつもりであるが，情報社会から知識社会へなどといわれている今日，この分野の進歩は急激であるので十分フォローしきれていない面もあることをご了承願いたい。また，本書は，各章ごとに執筆を分担した。したがって，文体が不統一の点もあるが，それが各執筆者の専門性のあらわれであると考えてあえて統一はしていない。ご理解願いたい。

山本　達夫

目　次

まえがき *iii*

第 1 章　図書館サービスの本質と使命 (山田獎) *1*

1.1　専門図書館からの出発 *1*
1.2　変容する情報環境 *2*
1.3　図書館サービスの本質 *4*
1.4　電子図書館の夢と現実 *8*
1.5　情報モールとテーマ・ライブラリーの指向 *12*

第 2 章　組織と運営 (山本達夫) *17*

2.1　組織 *17*
　2.1.1　経営体としての専門図書館　*17*
　2.1.2　組織のあり方　*19*
2.2　管理・運営 *22*
　2.2.1　管理の基本方針　*22*
　2.2.2　管理項目　*24*
　2.2.3　運営方針　*25*
　2.2.4　運営の具体的考え方　*26*
2.3　予算 *27*
　2.3.1　予算の考え方　*27*
　2.3.2　予算編成　*28*

2.3.3　予算費目　*29*

2.3.4　予実管理　*31*

2.3.5　予算の実態　*33*

2.3.6　予算における新しい傾向　*34*

2.4　評価 …………………………………………………………*36*

2.4.1　評価の必要性　*36*

2.4.2　評価尺度　*37*

2.4.3　利用者の評価　*39*

2.4.4　自己評価　*40*

第3章　スタッフ（山本達夫）……………………………*45*

3.1　スタッフの使命 ……………………………………………*45*

3.2　必要とされる能力 …………………………………………*47*

3.2.1　資質　*47*

3.2.2　知識，能力　*48*

3.2.3　研修　*50*

3.3　チームワーク ………………………………………………*51*

3.4　利用者との関係 ……………………………………………*52*

3.5　期待されるスタッフ像 ……………………………………*53*

第4章　コレクション・ディベロップメント（藤井昭子）……*59*

4.1　コレクション・ディベロップメントとは ………………*59*

4.2　情報サービスから考えるコレクション・ディベロップメント ……………………………………………………*62*

4.2.1　直接ニーズを満たす　*62*

4.2.2 潜在ニーズを満たす *68*

4.2.3 長期ニーズを満たす *69*

4.3 情報化とコレクション・ディベロップメント ……………*70*

4.3.1 情報化の利用 *70*

4.3.2 新しい選択基準 *71*

4.3.3 バーチャル・ライブラリーの落とし穴 *73*

4.4 コレクション・ディベロップメントのマネジメント………*77*

4.4.1 計画 *77*

4.4.2 評価 *79*

4.5 これからのコレクション・ディベロップメント ……………*81*

第5章 情報サービス（豊田恭子）……………………*87*

5.1 図書館情報サービスの変化…………………………………*87*

5.1.1 伝統的レファレンス業務――パッケージの時代 *87*

5.1.2 データベースの登場――オンデマンドのコンテンツ検索 *89*

5.1.3 インターネット――ダイレクト・アプローチの時代 *90*

5.2 理解ビジネスの必要 …………………………………………*92*

5.3 専門化とネットワーク ………………………………………*94*

5.3.1 専門の確立と主題知識 *95*

5.3.2 ネットワークの強化 *96*

5.4 情報サービスの新たな理論的枠組み ………………………*98*

5.5 利用者ニーズの3区分 ………………………………………*99*

5.5.1 かなり具体的な情報の取得ニーズ *99*

5.5.2 具体化しつつある調査ニーズ *100*

5.5.3 漠然とした知的刺激ニーズ *100*

5.6 情報サービスの9分類…………………………………101
  5.6.1 専門分野 *101*
  5.6.2 周辺分野 *102*
  5.6.3 非専門分野 *102*
5.7 自館の専門分野における利用者の情報取得ニーズ………*103*
  5.7.1 所蔵案内 *103*
  5.7.2 配架 *104*
  5.7.3 目録 *106*
  5.7.4 インハウス・データベース *107*
5.8 自館の周辺分野における利用者の情報取得ニーズ………*109*
  5.8.1 データベースによる文献入手 *109*
  5.8.2 データベース上にない文献の入手 *110*
  5.8.3 ねじれの修正 *111*
5.9 自館の非専門分野における利用者の情報取得ニーズ……*112*
5.10 文献アクセスにおける壁の存在………………………*113*
  5.10.1 インターネットがもたらした変化 *113*
  5.10.2 ホームページ *115*
5.11 自館の専門分野における利用者の調査ニーズ…………*117*
  5.11.1 調査ガイダンス・研修 *117*
  5.11.2 情報源の組織化 *118*
  5.11.3 レファレンス・サービス *119*
  5.11.4 レファレンス・インタビューの目的 *122*
  5.11.5 問題意識の共有 *123*
  5.11.6 情報の選択・プレゼンテーション *124*
  5.11.7 レファレンス記録 *126*
  5.11.8 SDI, プッシュ・サービス *127*

5.12 自館の周辺分野における利用者の調査ニーズ …………129
5.12.1 アウトソーシング 129

5.13 自館の非専門分野における利用者の調査ニーズ …………130
5.13.1 レフェラル・サービス 130
5.13.2 ネットワーク活用時のマナー 131

5.14 自館の専門分野における利用者の知的刺激ニーズ………132
5.14.1 情報発信 133
5.14.2 カレント・アウェアネス 133
5.14.3 ブラウジング 134

5.15 自館の周辺分野における利用者の知的刺激ニーズと 自館の非専門分野における利用者の知的刺激ニーズ …135

5.16 情報サービスの今後 ……………………………………136

第6章 ネットワーク（吉崎 保） ……………………………139

6.1 ネットワークとは ………………………………………139
6.2 ネットワークの必要要件 ………………………………140
6.2.1 専門図書館の存在特性 140
6.2.2 環境の変化 141
6.2.3 収集資源範囲の拡大 143
6.2.4 利用者ニーズの変化 145
6.2.5 利用者ニーズへの対応 147

6.3 ネットワーク形成への道 ………………………………149
6.3.1 図書館のコンピュータ化 149
6.3.2 図書館協力 150
6.3.3 図書館ネットワーク 152

6.3.4 組織内ネットワーク *155*

6.4 ネットワーク利用の現状 …………………………………*157*

6.4.1 インターネットによる情報収集 *157*

6.4.2 電子メールによる情報収集 *162*

6.4.3 イントラネットによる情報発信 *165*

6.4.4 エクストラネットによる情報交換 *169*

6.5 ネットワーク利用の展開 …………………………………*173*

6.5.1 情報・資源共有化 *173*

6.5.2 ナレッジ・マネジメント *176*

第7章 ワンパーソン・ライブラリー（豊田恭子）………*185*

7.1 ワンパーソン・ライブラリー運営の基本 ………………*186*

7.1.1 主要な利用者集団のニーズ *187*

7.1.2 経営者のニーズ *188*

7.1.3 図書館が判断するニーズ *189*

7.1.4 業務内容の優先順位 *190*

7.1.5 業務内容の文章化 *192*

7.2 ワンパーソン・ライブラリーの日常業務 ………………*193*

7.2.1 柔軟な対応 *194*

7.2.2 能動的な取り組み *195*

7.2.3 業務記録 *195*

7.2.4 人的ネットワーク *196*

7.2.5 要求の主張 *197*

7.2.6 施設・利用者教育 *198*

7.2.7 楽観主義 *201*

7.3 不可欠の存在になるには …………………………………*201*

- 7.3.1 専門性の強化　*201*
- 7.3.2 整理業務の効率化　*203*
- 7.3.3 図書館としての独立性　*203*
- 7.3.4 経営者とのコミュニケーション　*205*
- 7.3.5 想像力と創造力　*206*

7.4 ワンパーソン・ライブラリーの可能性 …………………………*207*

索引　*213*

第 1 章　図書館サービスの本質と使命

1.1　専門図書館からの出発

　図書館は便宜的に設置母体あるいは利用者層の属性によって分けられる。大学図書館，学校図書館，公共図書館，議会図書館，官庁図書館，司法図書館，団体図書館，企業図書館，宗教図書館，病院図書館，刑務所図書館等々。また支援内容によっても研究・調査図書館，教育・学習図書館などに分けられる。ジャンルで，例えば科学技術図書館，医学図書館，薬学図書館，ビジネス図書館，法律図書館，音楽図書館等に分けることもできる。コレクションでも統計図書館，地図図書館，点字図書館，稀覯本図書館，規格ライブラリー，放送番組ライブラリー，フィルム・ライブラリー，フォト・ライブラリー，レコード・ライブラリー，特許情報センター，公文書館，etc. と専門化することができる。分ける基準は幾通りもある。

　＜専門図書館とは何か＞を自由に考えようとすれば，こうした多様な図書館の種類すべての中に実例を見出せる。専門図書館の概念を規定するのは，何であれ＜対象を専門化すること＞と広義に理解する方が実践的かつ発展的と思われる（本書では専門図書館の解釈論には立ち入らない）[1]。そして＜専門化＞とは情報氾濫を制御し，秩序をもたらす法に他ならない。対象は，設置目的でも利用者でも

情報資源でも分野でも機能でもサービスでもその他でも構わない。存在理由を保証するのに見合う＜専門＞がありさえすれば認められる。逆に言えば，＜専門＞が認められなければ競争と淘汰に臨むことになるのは避けられないだろう。

各館種の図書館は，各々の種の特性に即して機能とサービスのバリエーション（領分）を形成している。バリエーションの効用にばかり目を向けていると本源を見失い，木を見て森を見ずの喩えにはまってしまう。情報に接し，知識に触れる機会やチャネルには革新的な変化が進行している。加速する変化に応じていくには館種の領分を通底する機能とサービスの本源を踏まえた新しい試みが肝要である。館種の枠にとらわれずに活動する専門図書館の方法論を考察，再構築することによって，使命の展望を拓くことができよう。

1.2 変容する情報環境

図書館をめぐる環境にも新しい時代の波が寄せている。

情報通信技術の加速度的な進歩は，仕事の進め方や生活習慣などさまざまな局面で，これまでのやり方に変容をもたらしてきている。とりわけ，知る欲求，調べる必要に対する手段や道具立ての革新には目を瞠らされる。記録・伝達媒体の電子化が進展し，サイバー・スペース（電脳空間），バーチャル・リアリティ（仮想現実感），インターネット，イントラネット，エクストラネット，etc.と膨張し続ける文脈に電子図書館の可能性も連なっている。

電子図書館を言い表す，エレクトロニック・ライブラリー，バーチャル・ライブラリー，サイバー・ライブラリー，ディジタル・ラ

第1章　図書館サービスの本質と使命　*3*

イブラリー等の用語とその正確な概念規定と異同について，本書では深く立ち入らないが，電子図書館は確かに知的欲求，情報ニーズをより合理的に効率的にかなえる仕掛けとしてデザインされるに相違ない。手近なコンピュータや端末を通じて，いながらにして，あるいはどこにいても必要な情報や知識を手軽に探し出し，手に入れることができるようになる。

　インターネットの普及による情報アクセス環境の進展は，旧来の状況に根差す時間的，空間的な制約，不自由さ，不満を飛躍的に解消している。何かわからないことを調べる際に，圧倒的に広範かつ膨大な情報源を探索可能にする福音をもたらしている。情報・知識を埋もれさせずに共有していくための簡便なシステムとして追求され整えられていく。ニーズに適う情報・知識が簡単に手に入れられる効率性の価値観が至上命題的なムードとして形成されていく。

　情報・知識の保管・流通の革命的進化，快適な電子図書館環境の実現には，技術的，費用的，制度的に未解決の問題群が立ちはだかっているにしても，課題解決の取り組みは不断に試行され，状況は変革されていく。利便性追求の果てに，コンピュータや端末から得られない情報や知識はもともと存在しないものと考えることが支配的になり，新しい時代の情報環境の本質と理解されるようになるかもしれない。このような傾向，潮流，変化に直面して，伝統的なあるいは旧来的な図書館はどのように変わっていこうとしているのか。

　役割を終えて消えていくだけなのか，変化をとらえて新たな活路を見出していくのか。図書館の運命にかかわる論議は自然淘汰的な

悲観論に傾き加減に見える。しかし，環境変化の中で図書館もまた自ら変革する。図書館の本質を踏まえた使命を正しく認識し，新しいサービスの形式，様式と方法を学び，備えていく。図書館の本質に根差すところから変革の方向が見えてくる。現実の図書館活動では目先の仕事の範囲に囚われがちで，自省の及び難いまま見過ごしている面がある。図書館の本質を思い起こし，基本に立ち戻ってみれば，変革への適応を明確にすることができる。

1.3 図書館サービスの本質

図書館を図書館たらしめている存在意義を簡略的に規定してみよう。
①情報の集積拠点：情報を溜める（蓄積）→知識の保管
②レファレンス装置：情報を引き出す（検索）→知識の伝達
③サーキュレーション：情報を取り入れる（理解）→知識の吸収
④思考・発想の場所：情報を再組織化し考える（編集）→知識の創造

図書館の使命に対する関心は，少なからず「①蓄積」と「②検索」に傾けられてきたように見える。利用者の情報ニーズにより迅速，的確に応えるためにコレクション・ディベロップメントを進め，情報資料の分類・整理を図り，検索手段を整え，有効に提供する態勢を築く努力を積み重ねてきた。必要な情報を手に入れるプロセスの合理性，言い換えれば情報のインプットの過程における効果と効率を追求してきたといえる。

その進歩向上の行き着く先に電子図書館の登場が描かれる。営々

と専念してきた役割が情報通信技術革新により次元を変えた新たな仕組みと形態で担われるようになっていく。情報要求に適う環境変化の諸相に臨んで，図書館も新しい地平を切り拓いていくことが望まれる。情報のアクセス利用に係る図書館系の価値観を再構築するには，忘れられがちな「④思考・発想の場所」の意義も含めた適正バランスを構え，図書館の本質的使命に革新的な形を現していかなければならない。

ともすれば図書館界という狭い世界にもかかわらず，館種の垣根（館境）内での最適合に腐心するばかりで，あまねく図書館に共通する基底的な脈絡から目を逸らせた事態に馴れ過ぎているように思われる。局地的技術論のタコツボに陥らず，大局的に視野を広げ，情報資源の生産から利用に至る流通経路全図の中で，図書館はどの過程を占めているのか，また利用者の顕在的あるいは潜在的な情報要求と習慣的，意図的あるいは偶然的な情報行動の全関係において，図書館はどのように位置づけられるのか，という正常な見当識[2]を絶えず保っている必要があろう。

図1-1は情報アクセス環境を単純化して示している。ここに図式化されていないマスメディア系（新聞・通信・放送）やコミュニティ系（利用者自身の所属組織・グループ，人脈）を含め，情報ニーズは多くの場合単一の経路で解決されるよりもむしろ複合的に往来することにより満たされる。図書館系の内側だけでなく外延に連なる情報流通経路の見取り図を把握しておくことは，利用者に対して自館サービスの直接的範囲を効果的に適応させる前提となる。利用者の情報収集行動の諸パターンを踏まえて，図書館系が機能す

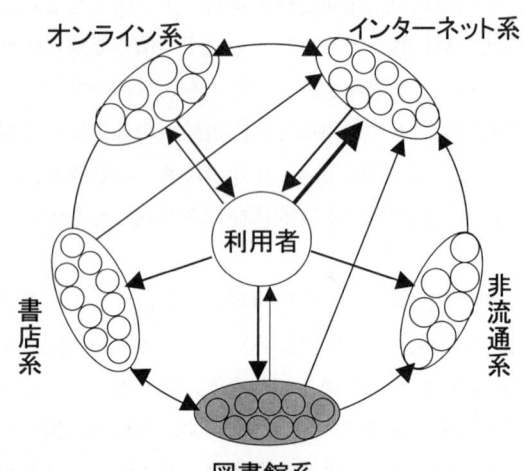

図1-1　情報アクセス環境

るパターンの照準を定めることができる。

　図1-2は利用者の情報ニーズと図書館の情報サービスの構図を表している。従来，図書館側にとって利用者との関係は"始めに情報ニーズありき"としてとらえることが当たり前にされてきた。情報ニーズも何を知りたいのか，必要な情報は何なのかが明瞭な顕在ニーズに応える態勢を整えることが優先されてきた。顕在ニーズは有効な情報サービスの条件であるが，情報サービスの範囲をあらかじめそれによって一律化してしまっては，型通りの日常サービスの合理性ばかり追求することになり，可能性を閉じ込めてしまう。顕在ニーズに対する情報サービスもまた図書館の機能の顕在化された（開発された）部分でしかない。利用者の情報ニーズの潜在的な部

第1章 図書館サービスの本質と使命　7

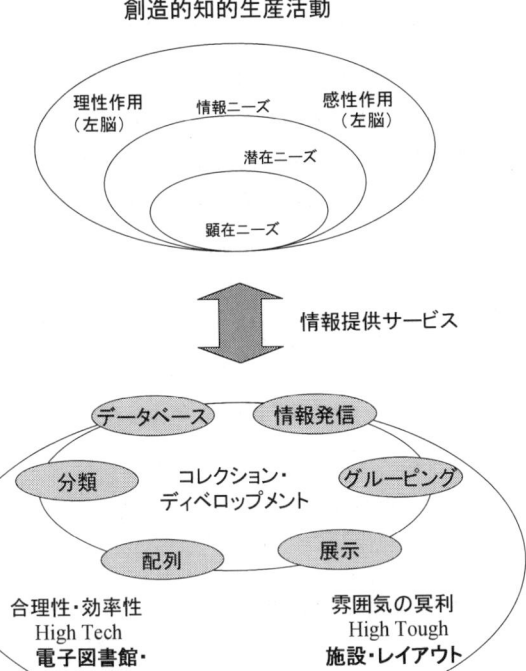

図1-2　図書館と利用者

分を顕在化するプロセスに直接関与するレファレンス・インタビューの技法等，蓄積されてきたノウハウ以外に，間接的に作用する掘り出し物発見能力（セレンディピティ）誘発効果をいかに装備していくか，知恵と工夫の余地は大きい。

よく知られているように，人間の精神活動は大脳の働きに依り，

左脳が理性を，右脳が感性を司っている。知的生産の合理性や効率性追求には理性が，着想やアイディアの閃き，アイディア間の相関関係のワープ的発見には感性が利かされる。今日隆盛を続けるデータベースやインターネット検索エンジンの発達は前者の賜物といえる。必要な情報を探して揃える仕掛けや仕組みは日々利便性を増しているが，一方でそれは材料を手に入れるプロセスでの効果を突き詰めているに過ぎない。付加価値が調合された新しい情報知識を創造していくには，感性の非合理的作用とのバランスが不可欠である。

情報ニーズを鳥瞰すれば，情報入手（需要）が通過点であり，それらを元にした情報創造（供給）こそが最終目的であることが見える。確実な情報提供が図書館利用者に対する支援のすべてではないことを弁えれば，前述した図書館を図書館たらしめている存在意義の，とりわけ立ち後れ気味の「④思考・発想の場所」としての機能に新たな可能性を見出せるに違いない。

1.4 電子図書館の夢と現実

図書館は長く情報・知識記録媒体としての紙の効用を普遍化する文化施設として発展してきた。紙メディアの恩恵を情報・知識の利用ニーズに適う機能・サービスの形で整えてきている。そこに行けば探している情報を見つけられる，求めている知識を得られる施設として認知されているが，逆にそこに行かなければ用が足りない限界も周知化している。遠隔利用に供する試みがさまざまに取り組まれているが，行かなくてもいながらにしてほしい情報・知識を手に入れられる利便性は電子図書館の実現を通して描かれる。

情報通信技術の革新が電子図書館の夢を身近に見せている。要素技術的には実用的な電子図書館を作り出す素地は揃えられてきているといえるが，費用の水準と負担構造，情報・知識の財としての取り扱い基準と知的所有権の運用制度など，適正な利用環境の次元までには解決すべき難題が立ちはだかっている。

　従来，図書館の壁の内側に収納された情報・知識財は，公共財あるいは共有財として扱われ，情報・知識の普及・利用面の価値が認められてきたが，紙メディアから電子メディアに情報・知識の"器"が変わることによって，財としての利用にかかわる対価（生産・供給・流通・配布から生じる価値）の徴収構造が新たに定められるようになる。

　図書館ごとの個別の取り組みとして電子図書館の環境を整えていく発想ではなく，コミュニティ・インフラを構築整備する発想，コンテクストのもとにユーティリティとしての電子図書館をデザインしていくことが肝要だ。

　電子図書館の機能は，情報・知識コンテンツ（内容）の電子媒体で蓄積することと電子ネットワークを介して利用することの両面で一体的に規定される。ネットワークによるアクセスがどこにいても同じ条件なら，求める情報・知識コンテンツがネットワーク上のどこに蓄積されていても構わない。この観点だけでいえば，すでにインターネットの各種検索エンジンやポータル・サイトとホームページが必要な機能を部分的に適えている。また，商用オンライン・データベースのサービスも従来の通信ソフトを用いたラインモードから，インターネットのブラウザへと簡便性を高めている。

電子図書館を用語として標榜するかどうかは別としても，インターネット検索エンジンやポータル・サイトも商用データベース・サービスも，ともに概念的には電子図書館の役割を担っていく方向で発展しようとしている。検索エンジンやポータル・サイトは商用データベース・サービスのコンテンツを取り込み，商用データベース・サービスはインターネットのホームページ上の無料コンテンツを有効に検索ニーズと結びつける機能を盛り込んでいる。

図書館界内部での電子図書館論議をよそに，現実的には利用者側はインターネット検索エンジンやポータル・サイトのサービスと商用データベース・サービスの進展状況に，電子図書館の地平を垣間見ていよう。先進的な米国の大学図書館や，企業図書館の電子図書館化に向けた変革は，こうした情報環境の革新を的確に見据え，技術的にも機能的にも構成要素として組み込む形で実現を図っている。

日本ではインターネットの環境整備も商用データベースの水準も，先進的状況に向けて克服すべき余地が残されている。従来からの図書館サービスをより高機能に，より利便性を増して，電子図書館の夢に結実させるには，個々の図書館内部での自前による局所的な取り組みを超えて，社会全体の情報環境の進展を享受できる共有部分と自館で独自に変革すべき部分との補完関係をとらえて追求していくことが肝要であろうと思われる。自館独自の領分こそが専門図書館のアイデンティティ確立につながるといえよう。

電子図書館の方向性は必然と考えられるにしても，その効用範囲（光の部分）と反効用（影の部分）を正しく認識していなければならない（表1-1参照）。

表1-1 電子図書館の優位性と虚構性

	優位性	虚構性（エントロピー）
①提供対象	定型大量情報 多頻度更新情報 時系列累積情報 即時流通情報 2/5感（視聴覚）対応情報	脱身体感覚
②運営方式	24時間稼働 リモート（カウチポテト）・アクセス 均一性・標準性	機械仕掛け ヒューマンタッチ喪失 ぬくもり・ふれあい希薄 利用者の多様性無視（コンピュータ・リテラシー，持てる人・持てない人）
③検索性能	網羅検索 連鎖検索 ピンポイント検索 ワンストップ検索	類似情報過多 オール・オア・ナッシング ブラウジング効果喪失 偶然性・セレンディピティ喪失
④利便性能	ノックダウン効果 デリバティブ効果 （派生的DB・マイDB構築） スワップ効果（入れ替え可能性） 不特定多数同時利用可能	半完成品状態 総体の把握が不能 手軽すぎるため印象希薄 利用ツールの継続的バージョンアップ対応が必要 使いこなせない人のための研修，ガイダンス，サポート体制の要
⑤節約効果	省・紙資源 省・空間場所 デリバリーコスト 装備コスト 棚卸しコスト 貸出・返却手続きコスト	ポータビリティの欠如 読書習慣が損なわれる 施設空間，滞在，行き付けの楽しみがない サンク（埋没）コスト システムバックアップコスト
⑥保存性能	紛失，欠損がない 媒体劣化がない	システムダウンリスク システム破損リスク

電子図書館の実現に至る方法論には，図書館サービスの本質を踏まえた個々の専門図書館のアイデンティティに，有用性と適正な負担に対する洞察が欠かせない。情報環境変化の俯瞰図を見る巨視的な視野のもとに，自館の取り組みをデザインする微視的な視点を据えることが求められよう。台頭する電子図書館産業との協働，競合，補完の構図も描き出されるに違いない。

1.5 情報モールとテーマ・ライブラリーの指向

知的営為の生産性向上と質的成果増進に貢献する使命は，図書館単独で取り組まれる必要はない。館種の垣根を越えることはもとより，書店，古書店，取次，出版社，情報サービス会社，検索代行サービス業など，情報にかかわる業種間業態間の交流が促進される必要がある。これまでの交流は個人的単発的なものにとどまってきたが，今後はそれぞれの情報チャネル間に制度的な道筋をつける，組織的・継続的な取り組みが必要である。

情報をとりまく環境は，再販制度，著作権問題，インターネット，電子ジャーナルなど，業界の枠内では対応しきれない課題を多く抱えている。制度的な業際間交流が確立すれば，情報の取得が容易になったり，変化する社会環境への対応が適切にできるようになるだけでなく，情報環境そのものを変革する力をもちうるようになる。これからの図書館は，情報環境の享受にとどまらず，情報環境の変化と創造をその本質的使命の視野に入れておかなければならない。それが利用者の情報ニーズに応えるという命題に真の意味で沿うことになる。

館種の違い，専門分野の違いを越えて各種の情報産業サービスと形成される広汎なネットワークでは，それぞれの専門性を生かしながらの相互協力や補完関係も整備され，将来的には，情報の専門商店街，モールのようなものが形成される可能性もある。ここで個々の店（専門図書館等）が専門性をより鮮明に打ち出していなければ，情報モールとして威力を発揮できない。"専門性"とは，扱うジャンルの専門という意味に限っているのではない。その店としての個性をもち，品揃えをそれに沿った形でラインナップし，施設レイアウトや宣伝やサービス活動も，一つのテーマに沿った形で統一的に行えば，モールの中での存在をアピールすることができる。これをここでは，従来使われてきた"専門"という言葉を越える意味で"テーマ"と呼ぶことにしよう。

　テーマ・ライブラリーこそ，これからの図書館が目指す道である。これは館種を問わない。どんな図書館もテーマをもたなければ，モールの中での存在価値が薄れ，生き残っていくことはできない。

　専門図書館のマネジメントを考えようとするとき，単にこれまで「専門図書館」という枠組みで伝統的に括られてきた狭義の専門図書館，ジャンルとしての専門性を問題にしているだけでは，テーマの地平を切り拓いていくことはできない。"専門"を"テーマ"にまで深めることによって，あらゆる図書館が今後目指していかなければならないテーマ・ライブラリーへの道，普遍的図書館像を形成する指針が求められている。それは，どこにいてもいながらにしてアクセスできるインターネット上のバーチャルな情報モール（図1-3参照）と，足を運ぶ行きつけのリアルな施設回廊（図1-4参

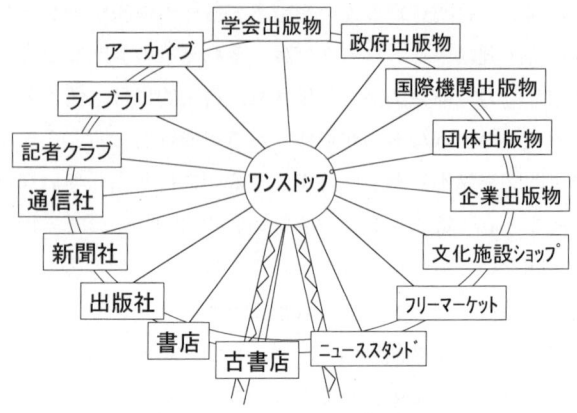

図1-3 情報モール(仮想系)

図1-4 施設回廊(現実系)

照)が相互補完的に調和して実現する構図の必須要件となろう。

引用文献・注

1) 専門図書館の定義,概念規定については『図書館情報学ハンドブック』(丸善,1988)の「専門図書館」の項参照。ただし本書では拘束されない。
2) 立花隆『知の現在』(日本放送出版協会,1996)で言及された医学用語で「自分の置かれている状況を客観的に正しく把握する能力」をいう。

第 2 章　組織と運営

　専門図書館の多くは親機関の一部として機能している。したがって，その運営方針は親機関の経営方針に基づくものであることが要求される。同時に専門図書館の資金計画も親機関の財務戦略との整合性をとることが必要となる。専門図書館は情報の流通を通じて親機関の目標達成に貢献することを基本使命としている。この使命を達成するためには，親機関に働きかけてその方針，戦略に専門図書館としての考えを反映させることが重要である。換言すれば，専門図書館は親機関の1セクションでありながら，独立した経営体としての意識をもって運営する必要がある。

　本章では，専門図書館の経営全体の中でまず，専門図書館の機能面からみた組織のあり方およびその資源を使っていかに図書館の管理・運営を行っていくかの考え方を述べ，その上で予算，評価について触れることとする[1]。

2.1　組織

2.1.1　経営体としての専門図書館

　専門図書館は施設をもち，スタッフが情報を調査，収集し，これらを組織化し，利用者に提供して保管・廃棄までのライフサイクルを管理する。さらに，これらにかかわる資金を手当し，配分を考え

予算化する。これは経営体そのものである。そして，円滑なあるいは効率的な経営を行うためには，必要な機能を組織化してこれらの活動を果たさなければならない。

さて，経営とは端的にいえば，資源をインプットし，それに付加価値をつけた商品をアウトプットして顧客に提供するプロセスそのものである。このことは専門図書館にとっては，資料の情報化であり，情報の資料化である。具体的には，調査・収集した資料を自機関の目的にあわせて整理し，価値をつけて情報化することであり，また，情報を提供したり，閲覧に供するために資料化することであるといえる。

すなわち，専門図書館は親機関の目的達成に向けて，自己のもつ資源を最大限に活用して情報サービスを提供するという意識をもって組織をつくり，運営していかなければならない。このことは，専門図書館の組織と運営を考える際に基本に据えなければならない前提であろう。

ところで，R.M. トマスコは経営体としての能力には次の4タイプがあるとしている[2]。

①先端的能力：明日の競争力の源泉
②決定的能力：今日の競争優位の源泉
③中核的能力：その業界の大半の機関に共通する能力
④補完的能力：機関内を顧客とする支援サービス

これらのうち，専門図書館は親機関の中では補完的能力を満たすものが大部分であろうが，専門図書館自身を経営体としてみた場合には，これらの四つの能力をもつように努力しなければならないと

いえる。情報を取り扱うプロフェッショナルな組織としてこのそれぞれの能力の内容については、機能面からみた組織論の中で触れていきたい。

ところで、専門図書館の親機関の位置づけ、規模は多種多様である。この中で統一した経営体としてのあり方を論じるのは困難であろう。したがって、以下では機能面を中心として経営論・組織論を述べることとする。なぜならば、位置づけ、規模は異なるとしても、専門図書館が果たすべき機能には基本的に差異はないと考えられるからである。

2.1.2 組織のあり方

先述したように、専門図書館は多種多様である。これを規模の面、特にスタッフの数からみると、約70％が5人以下の小規模図書館である[3]。こうした中で専門図書館自身の組織を論じるには、機能面からのアプローチが有効であろう。同時に、親機関内で補完的能力を発揮する役割を果たすための組織上の位置づけについても考えることとする。

(1) 専門図書館自身の組織

調査から廃棄までを管理する経営体としての専門図書館の組織は、理想的には専任の管理者がいて、各機能ごとに明確に組織化されていることであろう。しかし、先にもみたように多くの専門図書館が少人数で運営されている。したがって、1人のスタッフが複数の機能を受け持つことになろうが、基本的には機能別に組織化することが効率的といえる。

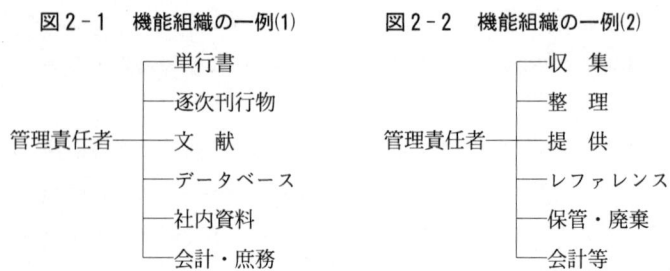

図2-1　機能組織の一例(1)　　図2-2　機能組織の一例(2)

　それでは，機能をどういう観点から区分するかを次に考えることとしたい。まず，扱う資料の種類によって組織化するケースがあり，これが一般的なあり方といえるであろう（図2-1）。次に，業務の種類によって組織化される場合もある。すなわち，経営体として調査からサービス提供，廃棄までを管理する観点からの組織化である（図2-2）。なお，機関によっては特許業務，標準化業務，技術ジャーナルの編集等を担当業務に含んでいるケースもあるが，基本的な考え方は同様であろう。

　これらの他にも，専門図書館の性格によって独自の機能をもち組織化しているところもみられるが，基本的には上の二つの例が典型的な機能組織といえる。

　さて，これからの専門図書館の組織を考えるにあたっては，先に示した経営体としての能力を発揮するための新しい機能を作り出し，これらを組み合わせる必要があろう。例えば次に示すような機能をもつことである。

①先端的能力：新しい情報技術を業界あるいは機関内に先駆けて活用する能力

②決定的能力：情報調査・収集・活用において業界内でトップの能力
③中核的能力：機関内で必要とされる情報を先行して調査・収集する能力
④補完的能力：スタッフ，利用者の情報リテラシーを高める能力

(2) 親機関内での位置づけ

専門図書館の機関内での位置づけは，当然のことではあるが，その機関内における使命，対象とする利用者（層）等の条件によって決定されるものである。

具体的な位置づけとしては，以下のような例によってそのあり方が決まる。

①機関のトップ層に意思決定のための情報を提供する
②企画部門に経営に関する情報を提供する
③営業部門等にマーケット関連情報を提供する
④研究員等のスタッフにマーケットあるいはマネジメント関連情報を提供する
⑤研究員，技術者に技術情報を提供する

実際には，これらを複合した機能をもっている専門図書館が多いと考えられるが，その主体がどこにあるかによって親機関内における位置づけは自ずと決められてくるであろう。

親機関内において専門図書館がどの部門に位置づけられているかを図2-3に示す[4]。なお，過去数年来，これらの情報サービスを分社化あるいは外部委託（アウトソーシング）する事例が発生してきている。この傾向については，事業的な収益性の観点からという

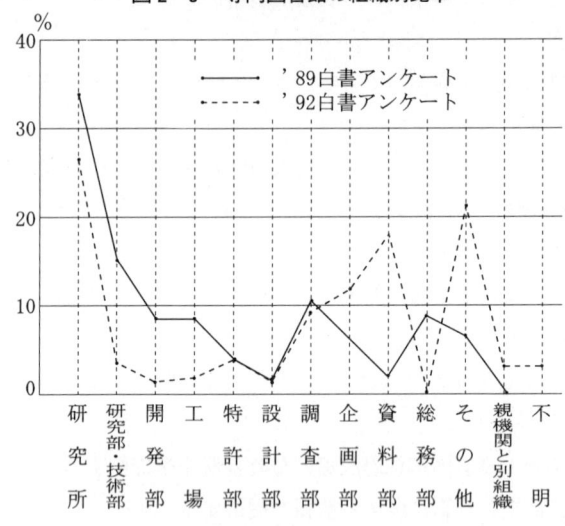

図2-3　専門図書館の組織別比率

凡例：
― '89白書アンケート
--- '92白書アンケート

横軸：研究所／研究部・技術部／開発部／工場／特許部／設計部／調査部／企画部／資料部／総務部／その他／親機関と別組織／不明

（出典：『白書・日本の専門図書館　1992』）

よりは，親機関内での多分に経営政策的な面から生まれていると考えられる。これについては，親機関のグループ全体としての利益と利用面での便益性を勘案しつつ意思決定されるものであろう。

2.2　管理・運営

2.2.1　管理の基本方針

先に専門図書館も経営体であると定義した。経営体の最大の目標は生産性の向上を通じて利益を生み出し，その組織を永続させることである。生産性の向上とは，少ないコストで大きなアウトプット

第2章　組織と運営　23

を生み出すことにほかならない。この実現は日々の努力なくしては得られない。すなわち，生産性の向上は革新によってのみ実現される[5]。したがって，管理とはこの革新のスピードと質をいかに組織内に植えつけるかである。

　専門図書館は産業分類的にはサービス産業である。この産業の生産性指標としては，顧客満足度にあることが他産業よりも重視される。すなわち，専門図書館における管理は，そのもつ資源——資金（予算），スタッフ，施設，スペース，設備，コレクション，ソフトウェア等——を情報という製品に編成し直して利用者に提供し，利用者の業務に貢献し高い評価を得るためのプロセス全般にわたる行為を統括しなければならない。

　すでに，情報の重要性は社会に広く認知されている。例えば，S. L. ゴールドマンらは「俊敏な企業がより高い業績レベルに達するためのボトルネックは，設備ではなく，企業内と企業間の情報の流れにある。情報はすでに，消費者製品や企業向け製品の構成要素としてもますます重要度を高めており，貴重さをましている。情報をパッケージ化すること，情報へのアクセスを提供すること，そして情報の道具——たとえばデザイン用ソフトウェア，データベース用検索ソフトウェア——はそれぞれが独立して価値ある製品となっている。（中略）情報を集め，評価し，編成し，流通させる行為は，俊敏な製品の開発と発想を可能にする決定的な媒介であり，そのインフラストラクチャの必要条件ともなっている」と述べている[6]。

　こうした環境の中で情報の流通，提供に責任をもつ専門図書館における管理は，利用者の真に役に立つ情報を的確なタイミングで提

供するために，そのもてる資源をいかに効率よく配分し，活動させるかということを基本方針に据えなければならない。

2.2.2 管理項目

一般に管理項目とは，自部門に与えられた業務をその目的どおりに達成しているかを判断し，必要なアクションをとるための尺度である[7]。これを専門図書館の管理活動，すなわち，資源をどう業務に活用しているかについて，何を尺度とすべきか主要な項目を考えてみたい。

①資金（予算）
　・規模，コレクションとの適合性
　・配分状況
　・執行状況（予実のチェック）
　・費目の変化

②スタッフ
　・能力，資質
　・業務の割当て
　・スキル向上の機会
　・利用者とのコミュニケーション

③コレクション
　・機関にマッチした専門性
　・網羅性
　・変化するメディアへの対応性
　・分類，配列

- 保存,廃棄の明確性
④施設
- 環境,雰囲気
- 利用者,スタッフの動線
- 入館の容易性
- 書架等の配置
- 照明

これら以外にも,他館とのネットワーク,機械化・電算化等利用者本位の情報活動を行うために管理すべき尺度は多くあるが,いずれにしても資金的な裏づけが必要となる。

2.2.3 運営方針

専門図書館における管理の基本方針は,先述したように利用者満足度を,もてる資源を使っていかに高めるかにある。この基本方針に沿って図書館活動が運営されるわけであり,ここにおいて各専門図書館の独自性のある方針が設定されなければならない。すなわち,親機関における専門図書館の位置づけがここに色濃く反映されるのである。

したがって,運営方針の策定にあたっては,自館が何を期待されているのか,その使命はどこにあるのかを十分配慮しなければならないといえる。例えば,科学技術系の専門図書館であるならば,親機関の技術全般をカバーし,さらに将来進出が予想される技術分野にも怠りのない情報調査,収集,提供(流通)に力点を置くことを運営の基本にするなどといったことである。

2.2.4 運営の具体的考え方

先述したように専門図書館の運営は,すなわち経営体の運営である。したがって,専門図書館が果たすべき業務のすべてのフェーズにおいてワークフローを描き出すことが必要である。ここでいうワークフローとは単に業務の流れを記述したものではなく,その業務の意義,価値づけおよびそれぞれの業務と業務の関係,影響の及び方にまで触れたものでなければならない。

このことは一見難しそうに思えるであろうが,われわれが日常的な運用の中で常に考慮に入れていることであろう。例えば,文献提供サービス業務の運用についてみると次のことがいえる。

利用者からの入手依頼に応じて文献を提供するまでの業務フローの中から,以下の観点で各業務との関連が指摘できる。

①依頼を受けるシステム
②要求に応えられるコレクション・ディベロップメント
③該当資料を容易に取り出せる配架・分類システム
④古い文献の要求に応えられる保管・廃棄システム
⑤外部調達のための外部情報機関との連携・協力関係構築システム
⑥外部情報機関のコレクション情報収集システム
⑦提供するための流通システム
⑧予実管理システムあるいは課金システム
⑨要求を分析することによる自館の専門性の再確認システム

このように専門図書館においては,特に一つの業務が独立して存在することはあり得ず,それぞれの基本業務と連携を必要とする。

すなわち，専門図書館の運営は，各業務システム間の有機的な連携とそれらの間の相互の有効なフィードバックが欠かせないものである。

2.3 予算

2.3.1 予算の考え方

専門図書館が経営体として運営されなければならないことは上述したとおりである。予算はこの経営体としての専門図書館の経営計画を具現化するものである。したがって，予算を考えるにあたっては，まず経営計画の策定から着手しなければならない。

専門図書館の経営計画の中心をなすものは，情報提供サービスにかかわる計画であることは当然であろう。この計画に含まれる主要項目としては以下のものがあげられる。

①人員計画
②資料調達計画
　　コレクションの構成にかかわる計画
③設備計画
　　施設維持，改善にかかわる計画
④情報提供計画
　　情報の編集，加工，提供にかかわる計画
⑤機械（電算）化計画
⑥費用配賦計画
　　情報関係費用の機関，利用者への割つけにかかわる計画
⑦研修・教育計画

⑧その他関連業務計画

これらの計画を実行するにあたって要すると予想される経費の積上げが，情報提供サービスにかかわる計画予算となるはずである。

さらに，専門図書館の機能はそれぞれ連携しており，1機能の予算だけを独立して考えることは不可能である。上述した情報提供サービスにかかわる予算を立案するにあたっても，全体計画との整合性を図って積上げていかなければならないものとなる。

また，予算は短期，中期，長期の専門図書館の経営計画に沿って準備しておかなければならない。特に，次年度はどこに力点を置くかといった方針を実行するためにも，また，財務部門との折衝のためにも，特色をもたせた予算編成が重要である。

2.3.2 予算編成

専門図書館の予算編成は当然のことながら，親機関の利益計画あるいは財務計画に基づくことが求められる。この制約の中で，立案した経営計画を実現するために，当年度あるいは中期的な観点から優先順位を決定して予算づけをしていくことになる。

この際，特に確認しておかなければならない主要事項は次のとおりであろう。

①親機関の進むべき方向と専門図書館の経営計画が乖離していない

②実施すべき計画の妥当性について経営トップ層および財務部門に明確に説明できる

③業務の継続性が保たれている

④予算の編成を業務の見直しの機会とする
⑤新規事業あるいは新システムの導入にあたっては費用対効果を明確にする
⑥ゼロベース予算（前年実績をご破算にしてゼロから出発して経費予算をたてる[8]）への対応も考慮しておく

なお，専門図書館を新設する際は，予算という概念よりは資金計画という観点から人員，施設，コレクション，設備などの計画をその使命に基づいて策定する必要がある。しかし上述した事項のいくつかについては，当然設立計画に盛り込まれなければならない。

いずれにしても，予算編成にあたっては優先順位のついた明確な経営計画とそれを裏づけるデータ，さらには計画をぜひ達成するという熱意が欠かせない。

2.3.3 予算費目

予算は専門図書館の経営計画を具現化するものであるから，必要な予算費目の設定は計画を具体的な形で示すものでなければならない。2.3.1で掲げた情報提供サービスに関する計画をもとにした予算費目の主要例を以下に示す。

①人員計画
　　人件費（残業計画を含む）
　　採用経費
　　パート，アルバイト経費
　　旅費交通費
②資料調達計画

図書費（単行書，雑誌，報告書，論文集，新聞等の購入費）
　　　規格・法規類購入費
　　　商用データベース使用料
　　　文献入手費
③設備計画
　　　施設使用関連費
　　　設備工事費
　　　設備・器具・備品購入費
　　　修繕費
④情報提供計画
　　　印刷製本費
　　　コンピュータ関係費
　　　通信・ネットワーク関係費
　　　情報編集・加工費
　　　外部委託費
⑤機械（電算）化計画
　　　コンピュータ等導入費（保守費含む）
　　　コンピュータ等運用費
　　　ソフトウェア開発・導入費
　　　システム維持費
　　　その他機械化関係費
⑥研修・教育計画
　　　スタッフのための講習会等受講費
　　　利用者のための教育訓練費

教材作成費
　⑦その他関連業務計画
　　　社外への業務委託費
　　　外部団体会費
　　　通信費
　　　事務用品等消耗品費

　これらの例は企業図書館を中心としたものであるが，親機関の属性によっては異なる項目があげられるのは当然であろう。しかし，重要なことは専門図書館の当年度あるいは中期的計画を基に，必要な費目を漏れのないように計上していくことである。

2.3.4　予実管理

　予算と経費の使用状況をチェックして，実績が予算からはずれないように管理することだけが予実管理ではないことは，先述したように専門図書館の予算の編成は経営計画の策定に他ならないことから当然といえるであろう。

　すなわち，予実管理は経営管理そのものでなければならないといえる。しかし，経営管理という概念は，一般的な専門図書館運営にあたっては抽象的である。したがって，より具体的に予実管理を考える場合には，この概念を業務管理のレベルに置き換えて議論する必要があろう。

　業務管理とは，短期的には年初に決めた目標なり計画の進捗状況を実務面および予算面から定例的にチェックし，当初計画との乖離を調整することである。一般的に考えれば，計画時点と実行時点で

は環境,条件等が変化していることが多く,機能,コスト面で見直しを迫られることも多々ある。こうした実行時点での種々の変化に確実に対応し,当初の計画を原則として予算の範囲内で達成することが大事である。しかし,環境の変化が当初計画よりも十分な機能をもたらしてくれて,それが自館の業務のいっそうの向上に貢献できるものであるならば,予算を超過してでも導入するという姿勢は必要であり,これを親機関内への説得力向上の機会としてとらえることもできるであろう。また,このように実績が予算を超過した場合に,ある幅で理由書を出さなければならないケースもある。これも課目別あるいは全体枠でとらえるか種々の考えがある。

以上の視点に立って専門図書館における予実管理を考えると,次のようにまとめることができる。

①親機関のニーズに沿った情報提供を円滑,効率的に行うという基本使命に立った業務計画の中で予算の執行,管理を行う。

②環境の変化を予測して業務計画を策定する,すなわち予算編成を行うことは当然であるが,予測外の環境変化にも対応できる柔軟さをもって予実管理を考える。すなわち,期の途中において計画の見直しを行い,予算の流用といった処置をも可能にしておくことが重要である。

③予実管理の結果は,専門図書館の中長期計画策定のための基礎データとして活用できるように整理する必要がある。

すなわち,専門図書館の運営にあたって,予実管理はコレクション(専門性),情報提供を決定づける点においてきわめて重要な事項である。

2.3.5 予算の実態

予算の中でも情報提供サービスに密接に関係する情報資料費は，1997年の専門図書館協議会の調査によると，図2-4に示すように2000万円以下の機関が約70%を占めている[9]。この比率は1991年の調査とほぼ同様である。この間の各種情報関係費用，特に海外雑誌の値上がり等を考えると，専門図書館においてはかなり厳しい予算執行を強いられているといえる。

また，先にスタッフ5名以下の小規模図書館が70%を占めていることに触れたが，この規模の図書館の83%が2000万円以下の情報資料費となっている（図2-5）[10]。

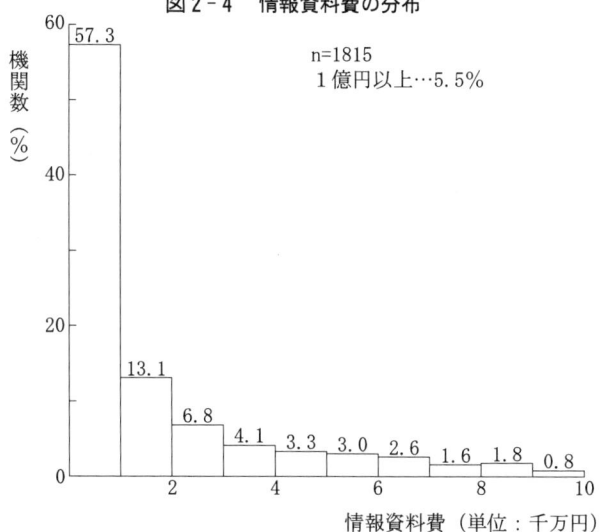

図2-4 情報資料費の分布

n=1815
1億円以上…5.5%

機関数(%): 57.3, 13.1, 6.8, 4.1, 3.3, 3.0, 2.6, 1.6, 1.8, 0.8

情報資料費（単位：千万円）

（出典：『専門情報機関総覧 1997年版』p.789）

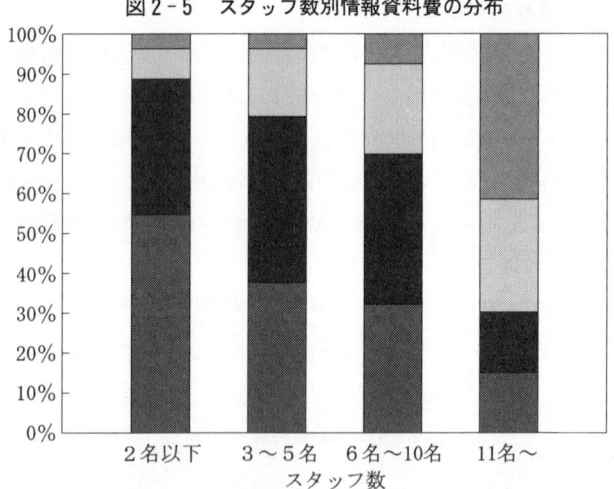

図2-5　スタッフ数別情報資料費の分布

■ 6000万円〜
□ 2000万円〜5999万円
■ 300万円〜1999万円
■ 0万円〜299万円

(出典:『専門情報機関総覧　1997年版』)

こうした中で，効率的な情報提供サービスを行っていくためには，コレクションの定常的な見直し，外部情報機関の活用あるいは図書館間協力といったことがますます欠かせないものになってきている。

2.3.6 予算における新しい傾向

親機関に情報という資源を通じて貢献するために予算が必要となり，この経費を効率的に専門図書館の運営に活用していくことを上述してきたが，今後はこの経費を使うということとは異なった視点からの予算の考えが必要になるのではないだろうか。

すなわち，専門図書館は産業的にみればサービス産業である。したがって，サービスの質と量によって対価を得ても不思議なことではない。すでに企業内専門図書館においては情報検索，文献調達などの際，実費を利用部門の費用として処理することは一般的になりつつある。これをさらに進めた形として，スタッフの人件費，施設維持費等を織り込んでそれぞれの情報提供サービスごとに価格を設定し，例えば，情報検索1件当たりの基本料金を取り，それに出力件数に応じた料金を課すあるいは文献入手についても手配料金＋実費を利用部門から徴収する等をして専門図書館の収入を図り，運営費の一部としているところも出てきている。こうしたケースでは，価格の設定にあたって何を拠り所とするかが新しい課題となろう。

また，親機関に情報提供サービスを行いながら，他の外部機関に機関内とは別の料金体系を設定し，有料でサービスを提供しようという企業内専門図書館の考えも出はじめてきている。さらに，運営にかかる総予算をすべて利用部門に負担してもらうケースも増加しつつある。これは総予算を利用実績に応じて各部門に割り当てるものであり，このための折衝力がスタッフあるいはマネージャーに求められる。この傾向は，外資系企業図書館において顕著である。

最近では，外国企業において，インフォメーション・センターを含む研究所を独立させ，社外の顧客にもサービスを売り，収益をあげている例も報告されている[11]。

このようにいくつかの専門図書館においては，収入を見込んだ形での予算，すなわち利益計画としての予算の考えが芽生えはじめてきている。

2.4 評価

2.4.1 評価の必要性

本章では専門図書館を経営体としてとらえ，組織，運営について述べてきている。経営体は常に計画と実績を比較し，自己の使命・目標の達成状況を評価しなければならない。このことによって，経営体は進化し，永続を可能にするのである。

すなわち，評価は専門図書館が，組織としてあるいは経営体として自己の活動を多面的に点検し，すべての機能，運営の改革に資することである。したがって，評価対象は専門図書館運営の全般にわたる必要がある。

おもな評価対象項目とその必要性を例示すると，以下のとおりとなろう。

①情報サービスにかかわる項目
- コレクション：親機関のニーズとの整合性を図る
- レファレンス：的確な応対がタイムリーにできているか。スタッフの能力，ツールの充実度をみる
- 文献複写：情報源，コレクションの適否を知る
- 情報検索：導入システムの適否，スタッフの検索能力を判断する
- ネットワーク：情報源の多様性をみる
- 広報・PR：手段の適性さを知る
- 利用者満足度：サービスの質を判断する

②マネジメントにかかわる項目

- 機能：目標達成のための機能をもっているかをみる
- スタッフ：育成，考課のため
- 施設・設備：利用しやすさを知る
- 電算装備度：情報技術の活用度を把握する
- 予算：充足度，資金配分，コストパフォーマンスを知る
- 業務マニュアル：業務の標準化状況を知る
- 利用者教育：組織への情報力強化への貢献度を知る

2.4.2 評価尺度

評価尺度を考えるにあたって，最も重視しなければならないのは，専門図書館の基本使命を十分に果たしているかを判断できることである。このためには基本使命を目標に置き換え，その達成度を点検しなければならない。

専門図書館の目標は，直接部門（例えば，設計・製造・販売部門等）のそれと違って，インプットした資源からアウトプットをどの程度生み出したかを具体化した数値として設定することが難しい。

とはいっても，専門図書館も情報サービスを業とする経営体であり，明確な目標をもって運営されなければならない。その上で，目標の達成状況をできる限り定量的に測定し得る尺度を設定することになる。尺度は目標達成に必要な機能ごとに異なるのは当然であるが，評価結果の比較を可能とするパラメータを決めておくことが望まれる。例えば，時間，コスト，数量という観点で集約することができれば，トータルとしての評価の可能性がより高まるといえる。

評価する目的や誰が評価するかによって，評価尺度の設定に違い

表 2-1 業務の達成度,費用効果分析による評価

機 能	尺 度	数量化の方法（例）
収 集	金 額 時 間 量 質	情報収集費 発注から入手までの時間 蔵書数,年間増加冊数,手配した国の数 外部機関との連携,事業構成と蔵書のマッチングなど
整 理	金 額 時 間 量 質	整理・加工費,インプット費,目録作成費 抄録・目録等作成の所要時間 目録等の改訂頻度,目録の種類,保管スペース 排架方法,棚卸の有無,製本の有無
報 知	金 額 時 間 量 質	図書館利用に関するサービス費 入手から報知までの時間 新着案内・PRニュース発行頻度 利用の容易さ,レイアウト,サインの有無など
検 索	金 額 時 間 量 質	情報検索費 検索時間,コンサルティングの時間,回答所要時間 検索代行件数,導入データベース数,再現率,適合率 検索手段の整備,コンピュータ検索の普及度など
提 供	金 額 時 間 量 質	文献複写費,データ分析費（統計など） 応答時間,適時性（許容時間内か）,分析・加工時間など 貸出冊数,利用者数,貸出回転率,レファレンス件数,複写件数など サービスの範囲,提供情報の理解度・役立ち度など
機械化	金 額 時 間 量 質	機械処理費,機器稼働費,情報ネットワーク関連経費 機器稼働時間,端末利用時間,プログラム作成費など 端末機・複写機・FAX・光ファイルの設置数など 収集～提供の一元化,システムの全社的普及度など
その他全般	金 額 時 間 量 質	施設費,管理費,人件費,教育研修費,外部委託費など 教育時間 標準化（マニュアル数）,要員数,資格所有者数,教育回数 業務の規定化・標準化（ページ数）,職員の業務の相互理解,他部門との協同（作業時間数,発行資料のページ数など）,利用者ニーズの把握など

は出てくるが,ここでは筆者も参加してドキュメンテーション懇談会がまとめた評価に関する考察[12]を上松敏明が整理した表[13]を一例として表2-1に示す。同表は情報サービスに関する尺度の一例

であり，マネジメント関連の評価尺度は2.2に述べた運営の考え方に基づいて設定することが望ましい。

2.4.3 利用者の評価

専門図書館が行う情報提供サービスは，結局はすべてが利用者のためでなければならない。したがって，利用者が専門図書館の行為に満足あるいは納得していなければその存在価値はないともいえる。

この意味からも，利用者からの評価は常に把握しておかなければならない重要な問題である。

さて，利用者の評価を知るために最もよく使われる手法はアンケート調査であろう。アンケートの実施にあたっては，何について評価するのか（例えば，運営全般についてか，個々のサービスのあり方についてなのか等）を明確にし，さらに，その結果の活用までをも考慮に入れておかなければならない。すなわち，アンケート票の設計にあたって，質問項目の検討を十分に行う必要がある。例えば，運営全般について調査するのであれば，専門図書館が利用者にとって真に必要となり得るサービスを提供しているのかということが明らかになる，あるいは利用者の満足度が全体として判断できるような質問を用意すべきであろう。

利用者満足度を調査して不満足の実態を明らかにし，専門図書館の改革に取り組んだ例として，以下の質問を行ったケースが報告されている[14]。

①資料の収集方法
②ライブラリーの使い方と蔵書内容

③蔵書資料の検索システム

④外部商用データベース

⑤ライブラリー運営・情報発信の周知度

また，グループウェアを利用して，情報提供サービスの周知度と満足度を調査するという新しい手法も出てきている[15]。

個々の情報サービスの必要性あるいは改善の方策を評価するためには，対象とするサービス（例えばレファレンス，資料の貸出・閲覧，文献複写，検索等）に関して，それぞれその有効度，必要性，代替手段等について質問することで，利用者の評価を把握していくことになろう。

アンケート以外にも利用者からの評価を知るために，定期的な利用者とのミーティングや日常的なコミュニケーション等の方法もあり，これらを組合わせて自館に最適な利用者からの評価システムを構築しておかなければならない。

2.4.4 自己評価

先述したように，専門図書館は情報の流通を通じて親機関の目標達成に貢献しなければならない。したがって，この使命を果たすための専門図書館自身の目標の達成状況を定期的に自己点検し，業務の仕組の見直し，改善を図る必要がある。また，経営体として人材，資金を効率的に活用した運営がなされているかどうかについても評価しなければならない。これらのためには，専門図書館の活動をできうる限り定量的に把握しておくことが重要となる。

この基本となるのは利用統計であろう。統計の対象となる項目は，

専門図書館によって差はあろうが，従来の来館者数，受入・貸出図書数，レファレンス件数，蔵書の利用比率あるいは文献複写数といったことから，時代の変化にあわせて，例えば，

・インハウス・データベース・アクセス件数

・社内情報蓄積件数

・ホームページ・アクセス件数

・エンドユーザー検索者数

・利用者教育受講者数

・社外ネットワークとのかかわり度合

等といったものも必要になってきている。

これら専門図書館の活動を示すデータを把握し，これをいかにして自部門としての評価に結びつけるかを考えなければならない。具体的な活用方策としては，以下のような例があげられよう。

①目標値との差異をみることで活動の評価を行う

②経年変化をみることにより情報サービスのあり方を評価する

③ベンチマーキング（自己の現在の姿と最高水準の姿（ベストプラクティス）を比較検討することにより，自分が何をなすべきか，何ができるのかがわかる手法[16]）による評価の基礎とする

④コストパフォーマンスの変化を知る

⑤管理者・経営トップ層の専門図書館評価の判断素材とする

自部門の評価にあたっては，利用統計以外に，組織として認知された評価のためのチェックリストあるいは評価の視点を統一した評価表などを，自館の特性にあわせて作成し，継続性をもって行うべきであろう。これによって，自己の強みと弱みを知り，改革への指

標をもつことができるといえる。また，同業他社間とのデータ比較によるベンチマーキングを基に，ベストプラクティス（ビジネスプロセスを遂行するための最善の方法[17]）を求めて自己のパフォーマンスを高めることも重要である。

なお，自己評価のみにとどまらず，上部組織によるオーディット等を通じて，親機関からの評価をいつでも受けられる運営をしていかなければならないことは当然であろう。

引用文献

1) 山本達夫「専門図書館における予算」『現代の図書館』37(1), p. 32-39, 1999.3 に加筆, 訂正
2) R. M. トマスコ, 田畑成章訳『未来組織の原理』ダイヤモンド社, 1994, p. 60
3) 専門図書館協議会編『専門情報機関総覧 1997』丸善, 1997, p. 762
4) 専門図書館協議会編『白書・日本の専門図書館 1992』丸善, 1992, p. 16
5) P. F. ドラッカー, 堤清二監訳『乱気流時代の経営』ダイヤモンド社, 1980, p. 13
6) S. L. ゴールドマン他, 野中郁次郎監訳『アジルコンペティション』日本経済新聞社, 1996, p. 155
7) 納谷嘉信『TQC 推進のための方針管理』日科技連出版社, 1982, p. 17
8) 西沢脩『ゼロベース予算－ゼロ思考の経営革新－』同文館出版, 1980, p. 4
9) 『専門情報機関総覧 1997』p. 754
10) 『専門情報機関総覧 1997』p. 789
11) Thomas Pach et al., "The cutting-edge library at Shell Research" *Online*, July/August 1999, p. 28-33

12) ドキュメンテーション懇談会『企業における情報部門の評価に関する一考察』1991
13) 『白書・日本の専門図書館 1992』p. 213
14) 山田奨他「利用者満足度調査の実践事例」『情報の科学と技術』44(6), p. 322-329, 1994.6
15) 中村洋一「情報提供サービスの満足度調査と新しい提供形態の試み」『情報の科学と技術』49(9), p. 443-447, 1999.9
16) アーサー・アンダーセン・ビジネスコンサルティング著『ミッションマネジメント:価値創造企業への変革』生産性出版, 1997, p. 185
17) 『ミッションマネジメント:価値創造企業への変革』p. 184

第3章 スタッフ

3.1 スタッフの使命

　繰り返しになるが，専門図書館の基本使命は情報サービスの提供にある。したがって，その構成員であるスタッフの第一の使命は利用機関内に円滑に情報を流通させることであるといっても異論はないであろう。さらに，このことを通じて機関の情報力強化に貢献することも大きな使命の一つになろう。

　ところで，専門図書館をめぐる最近の環境は急激に変化している。大きな影響を受けるものとして以下のような点があげられよう。

　①情報の重要性に対する意識の高まり

　②情報技術・通信ネットワークの進歩

　③情報メディアの多様化

　④利用者の意識の変化

　⑤情報産業の変革

　⑥情報コストの高騰

　情報の重要性に関して，例えばビル・ゲイツは著書の中で次のように述べている。「……あなたの会社をその他大勢から引き離す最善の方法は，情報に関してずば抜けた仕事をすることだ。情報をいかに収集，管理，活用するか——あなたが勝つか負けるかはそれで

決まる。」[1]

　また一方でビル・ゲイツは，「タイムリーな情報は競争力のための生命線である。図書館は情報を見いだし分類，組織化，提供することによって社員と情報を結び，情報から知識を創造する核となる。また，テクノロジーで武装した図書館は組織に巨大なインパクトを与え，組織を情報化時代に導くことができる」とも語っている[2]。

　これらにみられるとおり，情報の重要性は従前にも増して高まっている。また，社内ネットワークやインターネットの普及等により，利用者が情報を自分で探すという習慣が強くなっている。

　さらに最近，ナレッジ・マネジメントの考え方による経営革新の動きが浸透しつつあり，知識の創造と活用が企業発展の鍵であるといわれている。こうした中で，専門図書館は情報から知識を創造する環境を整え，創造された知識を組織内で共有化し活用する仕組を構築，運営する新しい役割を担う必要性も高まりつつある。

　したがって，スタッフの使命として，組織の中の知識を企業にとって役立つような形に変換し，活用しようと意識して働くナレッジ・ワーカー[3]であることも求められてくるといえる。

　ここで期待される具体的使命を列挙すると以下のようになろう。
・情報の専門家
・情報探索者
・情報サービスの提供者
・情報技術の達人
・情報の組織化，編集者
・資料と情報媒介者

- 施設の演出家
- 情報社会の担い手
- 情報を知識へとリファインする触媒

以上のように専門図書館の役割の変革とともに，スタッフの使命もより高いレベルでの達成が求められるようになってきている。このため，専門図書館スタッフは常に研鑽を重ね，新しい知識，技能の吸収に努めなければならないといえる。

3.2 必要とされる能力

3.2.1 資質

専門図書館は高度に知的な情報サービス産業に属する。しかも，単に情報を流通させるだけでなく，機関が要求する付加価値をつけて知識とする努力をする必要がある。この役割を担うスタッフに要

図3-1 専門図書館員に求められる資質

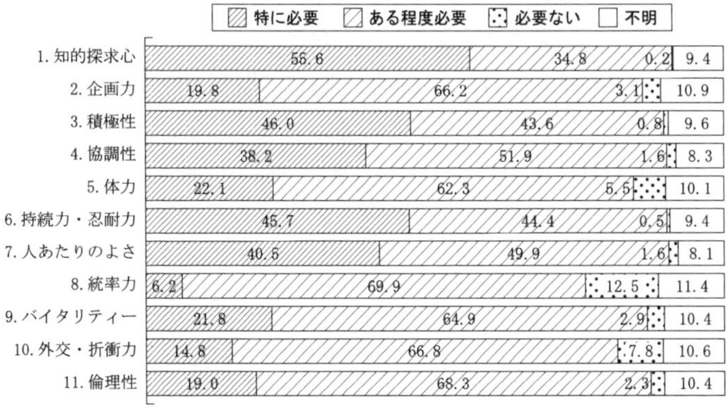

	特に必要	ある程度必要	必要ない	不明
1. 知的探求心	55.6	34.8	0.2	9.4
2. 企画力	19.8	66.2	3.1	10.9
3. 積極性	46.0	43.6	0.8	9.6
4. 協調性	38.2	51.9	1.6	8.3
5. 体力	22.1	62.3	5.5	10.1
6. 持続力・忍耐力	45.7	44.4	0.5	9.4
7. 人あたりのよさ	40.5	49.9	1.6	8.1
8. 統率力	6.2	69.9	12.5	11.4
9. バイタリティー	21.8	64.9	2.9	10.4
10. 外交・折衝力	14.8	66.8	7.8	10.6
11. 倫理性	19.0	68.3	2.3	10.4

求される資質については，さまざまな見方ができると思うが，ここでは専門図書館協議会が行った調査結果を図3-1に示す[4]。同図の調査年は古い（1992年）が，ここに高い数値で示された，

・知的好奇心
・積極性
・持続力
・人あたりのよさ

等は現在でも十分に通用するものであろう。

3.2.2 知識，能力

先述したスタッフの使命を果たすために必要とされる知識あるいは能力としては，情報の収集，組織化，提供に関する図書館運営上の基本的なものは今後とも重要視されるであろう。さらにこれらに加えて，社会の変化にあわせた新しい知識，能力を吸収していかなければならない。

1999年に専門図書館協議会が行ったアンケートによると，今後必要とされる知識，能力として以下の項目が取り上げられた[5]。

①レファレンスと調査に関する能力
②データベース検索に関する知識と能力
③情報・知識の評価，積極的提供を行う能力
④専門分野に関する知識
⑤利用者とのコミュニケーション（インタビュー等）に関する能力
⑥情報伝達媒体に関する知識

⑦分類・索引に関する知識
⑧情報通信機器類（ハード／ソフト）の操作に関する知識と能力
⑨情報・知識の検索利用環境を設計運用する能力
⑩利用者教育に関する知識と能力
⑪商用情報提供サービス（DB等）を評価，利用する能力

　これらには，現在でも重視されている能力が含まれているが，さらに先端技術の活用等新しい知識・能力についての必要性が高いとされている。

　すなわち，スタッフに要求される基本的な知識を要約すると以下のようになろう。
①情報そのものに関する知識
②情報提供技術に関する知識
③親機関のビジネスの方向性に関する知識
④特定主題分野の知識
⑤企画力
⑥指導力
⑦語学力を含む幅広い知識
⑧これらの知識を外部に発信する能力

　現在，図書館スタッフにかかわる資格には司書，データベース・サーチャー，情報処理技術者等があるが，上述した知識，能力のレベルを総合的に判定する新たな資格が必要な時代がきたといえるのではないだろうか。

3.2.3 研修

以上述べてきたように,現在の専門図書館スタッフに要求される知識範囲は広がってきている。したがって,常に知識の吸収に努めていないとその使命を果たすことが困難になってくる。このため,スタッフの研修は専門図書館にとって従来にも増して重要性が高まっている。

(1) OJT (On the Job Training)

専門図書館は親機関によって求められる専門分野の知識が異なる。しかも新分野,新技術への進出,多角化等,経営動向によってその専門性が変わることがある。こうした分野については,OJT でスタッフ全員が知識を向上させ,共有していかなければならない。また,自館独自のコレクションや利用者との関係等についても業務を通じてのみ習得できるものであろう。

こうしたことから,OJT は専門図書館の伝統と独自性を保つためにも重要な研修の場といえる。

(2) 外部研修

図書館管理あるいは情報管理に関する一般知識,図書館マネジメント,コンピュータ化,さらには情報技術・通信ネットワーク等の先端技術に関する知識の習得については,外部での研修は効果が大きいといえる。これらは図書館関係団体が主催する研修事業に多くのカリキュラムが組まれている。スタッフのレベルに合わせて受講し,その経験を報告することにより,スタッフ全員の知識向上に資する必要があろう。また,この種研修は知識,技能の習得に終わるだけでなく,参加者との交流をもつことにより,人的ネットワーク

を拡充することができるという意味からも重要な機会としなければならない。

3.3 チームワーク

図書館における日常業務の多くは個人ベースで進められる。例えば、収集資料の整理、文献複写要求の処理、インハウス・データベースの運用あるいはデータベース検索等にあたってである。しかし、利用者は自分が望むサービスの担当者が誰であるかは普通はあまり知らない。したがって、スタッフは自分の担当以外の業務についても知識をもっていなければ、十分なサービスを実施することができない。このため、スタッフにはチームの構成メンバーとして、専門図書館全体のサービスレベルを向上させる努力が求められる。ここでは、以下の取組みが望まれる。

①レファレンス記録の検討と共有

②定例ミーティングによる業務情報の共有

③電子メール、週報等による業務進捗状況の共有

④ジョブ・ローテーションを通じての業務知識のレベルアップ

現在では、イントラネットや電子メールの活用により情報の共有は容易になってきている。これらを通じてよりいっそうのチームワークの向上と情報サービスのレベルアップを図っていかなければならないといえる。

さらに、今後の専門図書館を取り巻く技術の進歩に対応するためにも、情報システム部門等の社内他部門あるいは利用者とのチームワークも欠かせないものとなる。

3.4 利用者との関係

情報技術，通信ネットワークの進展はスタッフと利用者の関係に大きな変革をもたらしている。すなわち，一つは顔の見えない利用者——非来館利用者——の急増とそれに伴うサービスのあり方であり，さらには利用者が自分である程度情報を事前に——エンドユーザー検索等により——調べてから専門図書館を頼ってくることが増えてきていることへの対応である。

(1) **非来館利用者との関係**

今後さらに増えてくると考えられる非来館利用者へのサービス提供にあたって，大きな問題となるのはコミュニケーションの不十分なことからくるものであろう。従来のように face to face で利用者の要求を満たしていたときには，スタッフと利用者の間で十分な意思疎通を行うことができ，相互に満足しうる情報サービスが成立した。しかし，Fax や電子メール等によるいわば一方通行的な情報要求への対応には従来以上の細心さをもたないと，利用者の真のニーズを把握できないおそれがある。

(2) **エンドユーザー検索等への対応**

最近の社内ネットワークあるいはインターネットの進展と普及は利用者が自ら情報を探すという機会を増している。このことに関して，ビル・ゲイツは以下のように述べている[6]。

「パソコンが爆発的に増え，インターネット利用者も激増している。しかし，インターネット上ではすぐ迷子になり，取得した情報も他の一般ソースから取得した情報より質の劣るものであることが

多い。ここに図書館員が活躍する場面がある。」

　すなわち，こうした時代にあってはスタッフは利用者と次のような関係を築くことが必要であるといえる。

①利用者教育を通じての情報交換
②スタッフによる商用データベース，インターネット・サイトの評価と公開
③利用者とのコミュニケーション機会の向上

3.5 期待されるスタッフ像

　以上述べてきたように，専門図書館におけるスタッフの使命はいよいよ重くなり，それに伴って要求される能力のレベルも高くなってきている。こうした変革の中にあってスタッフが備えるべき適性について，米国専門図書館協会では以下の点を取り上げている[7],[8]。

①情報源の内容についてすぐれた専門的知識を有し，それらを批判的に評価し，取捨選択できる。

　　例：印刷物，CD-ROM，商用データベース等の評価を行う。専門分野における最良のテキストブックや雑誌，電子情報源などを知っている。

②所属組織あるいは顧客のビジネス分野における適切な認識をもっている。

　　例：多くの専門図書館員は，図書館情報学の学位や資格とは別にそれぞれの専門科目で，学士または修士レベルの学位を取得している。

③組織戦略に則った便利で手近でコスト効率のよい情報サービス

を発展させ,それを維持する。

　例:所属組織の業務目標に合わせた戦略的計画を企画する。

④図書館と情報サービスの利用者に対し,すぐれた指導と援助を提供する。

　例:従業員にインターネットを教えるコースを開く。

⑤情報ニーズを分析し,それにマッチする情報サービスと商品を開発し,付加価値をつけて送り出す。

　例:アンケート,重要な利用者からの聞き取り等を通して,定期的に情報ニーズの査定を行い,それを経営者側に報告してニーズと提供されている情報との関係を説明する。

⑥情報を取得し組織し広めるために,適切な情報技術を使用する。

　例:自館のコレクションの電子目録を作成する。

⑦情報サービスの重要性について管理者との共通認識を高めるために適切なビジネス手段を講じる。

　例:図書館のビジネス・プランを作成する。図書館とそのサービスに対する投資の見返り効果を計測する。

⑧組織の内外,また顧客の利用を鑑みた専門情報ツールを開発する。

　例:レポート,技術マニュアル,特別プロジェクトのための資料等の自館所有の文献のデータベースを構築する。

⑨情報の利用状態をチェックし,情報管理上の課題を解決するための調査を遂行する。

　例:情報ニーズの査定,プログラムの計画・評価に関連するデータを収集する。

⑩ニーズの変化にあわせ，情報サービスを継続的に向上させる。
　　例：業界のトレンドに目を配り，母体組織の中枢となる職員
　　　　や個々の利用者にそれらの情報を知らしめる。
⑪経営陣の中に加わり，組織の情報問題について検討する。
　　例：母体組織の経営戦略の計画に参加する。リエンジニアリ
　　　　ングのチームに参加する。

また，米国専門図書館協会が1996年に行った，経営者が期待する専門図書館員の要件で図書館員自身に欠けていると思われる点に関する調査では，次のことが報告されている[9]。

①コミュニケーション力（コンセプトを明晰に伝えるプレゼンテーション力，組織の各要員と交渉し説得する力）
②リーダーシップ（組織横断的にものごとを推進する力，ビジョンを打ち立てる力）
③経験（組織業務に対する広範な知識と経験，ビジネス戦略についての鋭い洞察力）
④財務管理（組織財務構成の理解，決定に必要なコスト分析・利益見積もりの能力）
⑤情報技術の基礎（情報テクノロジーの高度で実践的な理解，技術的ビジョンの構想と実践）
⑥起業家的アプローチ（新しいアイディアの説明能力，新製品・サービスの概念を実現にもっていくまでの企画・管理能力）

これらに示されるように，スタッフには新しい時代にふさわしい適性と能力が求められている。すなわち，これからの専門図書館においては，次のような職務を的確に果たすことのできるスタッフで

あることが期待されている。

①親機関の活動を理解し，その達成に有効な情報を収集する。

②親機関の専門分野の知識を把握する。

③利用者のニーズを的確に把握する。

④機関内外の情報源を熟知し，正確かつタイムリーな情報収集・提供を行う。

⑤ネットワーク（フォーマル，インフォーマルに）を構成する核となる。

⑥情報技術（IT）を活用すると同時にIT技術者との交流をもつ。

⑦情報リテラシーを高め，情報コンサルタントとして組織に貢献する。

⑧新しい管理システム（例えば知識管理等）を吸収し，自部門の運営に応用する。

こうしたスタッフ像をめざして研鑽を重ねることによって，インフォメーション・プロフェッショナルあるいはナレッジ・ワーカーとして成長していくことができるといえる。

引用文献

1）ビル・ゲイツ，大原進訳『思考スピードの経営』日本経済新聞社, 1999, p.14
2）ビル・ゲイツ「米国専門図書館協会第88回年次大会基調講演」1999.6, シアトル
3）アーサー・アンダーセン・ビジネスコンサルティング『図解ナレッジマネジメント』東洋経済新報社, 1999, p.136
4）専門図書館協議会編『白書・日本の専門図書館 1992』丸善, 1992,

p. 149
5) 山本達夫「情報管理専門職（仮称）資格検定試験アンケート結果の報告」『専門図書館』No.176, p. 30, 1999.7
6) ビル・ゲイツ「米国専門図書館協会第88回年次大会基調講演」
7) Special Libraries Association "Competencies for Special Librarians of the 21 Century" 1996.10
8) 片岡洋子「21世紀に向かって求められるスペシャルライブラリアンの能力と資質」『専門図書館』No.163, p. 11-16, 1997.4
9) 豊田恭子「ナレッジマネジメント：私たちは何処へ向かうのか」『専門図書館』No.176, p. 6-12, 1999.7

第4章 コレクション・ディベロップメント

4.1 コレクション・ディベロップメントとは

アメリカ図書館協会の『ALA図書館情報学辞典』は,図書館コレクションを「図書館がそのサービス対象集団に提供できる資料の全蓄積」[1]と定義している。専門図書館においてコレクションとして収集されている情報資源の種類は図4-1のように,形態,媒体,情報ともさまざまである[2]。

急激な情報技術の進展は,専門図書館の収集する情報資源に多様性や変容をもたらしつつある。顕著な変化の一つは,インターネットをはじめとする電子ネットワーク上に発生し流通するおびただしい情報資源の出現である。第5章で詳しく述べられるように,従来,専門図書館が取り扱ってきたのは,図書,雑誌,CD-ROMといった,一つのまとまりをもちパッケージ化された情報資源が中心であったが,電子ネットワーク上には情報コンテンツ,としか形容することのできない情報資源が生み出されつつある。今後はこのような情報資源も,必要に応じて,専門図書館のコレクションの一部として収集され,その比重も増していくであろう。

平野英俊はコレクションを「利用を前提として意図的に集められ,長期間にわたって保存され,継続的に管理されるある程度以上の分

図4-1　コレクション・ディベロップメント

```
┌─────────────────────────────────────────┐
│              情報サービス                │
└─────────────────────────────────────────┘
                    ↑
┌─────────────────────────────────────────┐
│ コレクション・ディベロップメント(蔵書構成, 蔵書構築) │
│   収集　→　選択　→　保管(蓄積)　→　廃棄    │
└─────────────────────────────────────────┘
│            コレクション(蔵書)            │
```

形態	媒体	情報
図書 雑誌 新聞 テクニカルペーパー 会議・予稿集 学位論文 官公庁資料 民間機関研究調査報告書 特許 規格 地図 製品カタログマニュアル 社内事務文書 社内研究報告書 社内規格・標準 図面・仕様書	印刷媒体 マイクロフォーム カセットテープ CD (コンパクトディスク) ビデオテープ スライド 映画フィルム フロッピー ハードディスク 磁気テープ CD-ROM 電子ブック 光ディスク 光磁気ディスク DVD	文字 画像 映像 音声

量がある資料のまとまり」と意味づけしている[3]。コレクションは，図書館が利用者に情報サービスを提供するための基盤となるものである。利用者のニーズに合致した的確で迅速な情報サービスの提供を継続していくためには，その場限りの恣意的な情報資源収集ではなく，コレクションを作り上げ，発展させていくという，長期にわたる戦略が必要となってくる。

コレクション・ディベロップメントは，わが国では蔵書構成，蔵書構築，蔵書形成などとも呼ばれる用語である。『ALA図書館情報学辞典』によれば，コレクション・ディベロップメントとは「図書館のコレクション構築に関連する多くの活動を包括する用語。選書方針の決定および調整，利用者および潜在的利用者のニーズの評価，コレクション利用調査，蔵書評価，コレクションのニーズの確認，資料の選択，リソース・シェアリングの計画，蔵書維持，および除籍を含む」[4]と定義され，幅広い活動を含むものである。その中でも核となるのは，情報資源の中から，自館にふさわしいものをコレクションとして収集，選択，保管（蓄積），廃棄する，という一連のプロセス，およびそれらのプロセスを実行するための計画，評価である。

本章ではまず，コレクション・ディベロップメントが情報サービスの基盤であるという視点に基づき，利用者の情報ニーズに対応したコレクション・ディベロップメントのあり方を考察する。次に情報技術の進展によるコレクション・ディベロップメントの変化や問題点を探る。最後に以上を踏まえた上でのマネジメント，つまりコレクション・ディベロップメントの計画および評価の方法について

検討していく。

4.2 情報サービスから考えるコレクション・ディベロップメント

4.2.1 直接ニーズを満たす

(1) 費用対効果

図書館は，限られた経営資源（ヒト，モノ，金，スペース）を最適に配分，うまく活用することによって，効果の高い情報サービスを行うことが求められる。つまり，限られたインプットに対しアウトプットを大きくすることが必要であり，このことはいかに情報環境が変化しようと変わらない前提である。

コレクション・ディベロップメントにかかわる経営資源は，実は情報資源購入費だけでなく，保管スペース，情報資源の組織化，廃棄のための人件費，またマイクロ資料やCD-ROMなどの電子媒体の場合は利用の機器も必要であり，図書館の予算の多くを巻き込むものである。したがって費用対効果をできるだけ明確にしておかなければならない。

専門図書館の特徴は他章でも述べられているように，他館種の図書館に比較して，コレクションの規模，情報資源購入費，スペースとも小規模である。専門図書館は通常，設置に法的基準がない。図書館の占有面積は自主的には決められず，親機関から割り当てられた狭いスペースを受容しなければならない場合が多い。予算にしても，情報ニーズに合わせて予算化されるというよりは，親機関全体の費用のバランスから割り振られた予算に制限される場合が多い。

このような状況を考えると，なお一層の費用対効果が求められる。

(2) 9割方図書館

情報サービスの効果の測定には量と質の二つの側面が考えられるが，端的な方法としては利用者の利用の量で判断することである。

経験則として，ある有限性のあるものを考えた場合，20％で80％の利用を満たすことができるという法則がある。図書館では「ブラッドフォードの法則」と呼ばれ，図書館における情報資源と満たされたニーズを図に描くと図書館ごとに曲線の勾配は異なるものの，図4-2のような双曲線を描くと考えられる。つまり少数の情報資源が利用全体の大部分を占め，残りの情報資源の大部分は利用されたとしてもごくわずかであるということである。9割方図書館とも呼ばれ，需要の大部分にあたる90％程度を能率的かつ経済的に満た

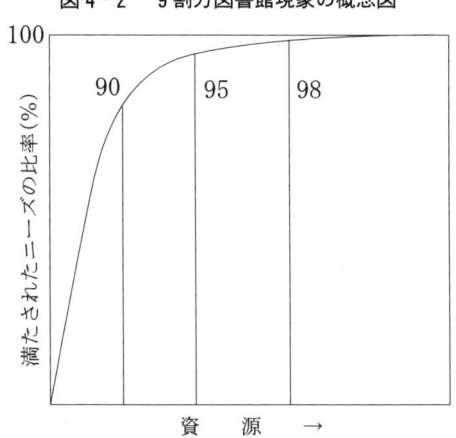

図4-2　9割方図書館現象の概念図

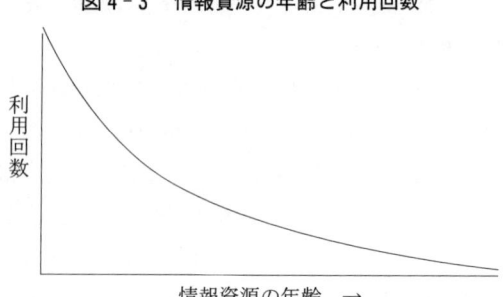

図4-3　情報資源の年齢と利用回数

(縦軸: 利用回数、横軸: 情報資源の年齢 →)

すことは可能であるが、これをわずか2～3％上昇させるには不相応な資金と努力を要するということである[5]。限られたスペースや予算の規模に応じて、少数の利用頻度の集中する情報資源を収集することにより費用対効果を高めることができる。

この法則は情報資源の年齢（出版年）と利用の関係にも適用することができ、図4-3のようなカーブで利用頻度はある時期が来ると激減すると考えられ、激減したところで廃棄したり、倉庫に移したり、マイクロ媒体や電子媒体に切り替えるなどが考えられる。

(3) 雑誌の選択・見直し

専門図書館の主要な情報資源である雑誌の選択・見直しの費用対効果は表4-1のように考えることができる。効果の尺度としては利用回数の他に、他の要因に重みづけしたものを合わせて使い、費用対効果が順位づけられる[6]。

利用データがうまく得られなかったり、新規雑誌を購読する際には、雑誌の重要性を測る一つの目安として、引用文献収録数がよく使われる。これは引用された論文を多く含む雑誌ほど重要性の高い

表 4-1 雑誌の費用対効果

費　　用	効　　果
購入費用＋保管スペース＋発注，受入費用など	利用回数（貸出，館内利用，外部調達） ＋以下要因に重みづけしたもの 　収録されている索引・抄録誌 　外部調達の困難度・費用 　利用者の意見 　質的評価（評価表作成も一案） 　インパクトファクター

雑誌と考える方法である。言い換えれば，「引用されること」は利用頻度が高いとシミュレートしているわけである。外国雑誌についてであるが，ISI 社の *Journal Citation Reports* は雑誌の引用頻度データを収録したもので，特にインパクトファクター（ある年に引用された総数とその年に出版された全論文数の比を示す）は雑誌の影響度を示す指標として選択の際の参考となる。

(4) 所有か調達か

図書館におけるコレクションの位置づけは，オンライン・データベース，インターネット上からの情報提供，情報サービス機関・産業の発達により劇的な変化を遂げている。従来は利用者に情報サービスを提供するために，利用を予想してあらかじめコレクションとして「所有」していなければならなかったが，必要が生じた都度，外部より「調達」できる可能性が大きく広がってきた。「所有するか調達するか」（ownership vs. access）をめぐって国内外で多くの議論がなされてきた[7]。

ジョゼ・マリ・グリフィス[8] は，米国の専門図書館の存在意義

図4-4　120ドルの雑誌についての購入と調達，利用回数による費用の比較

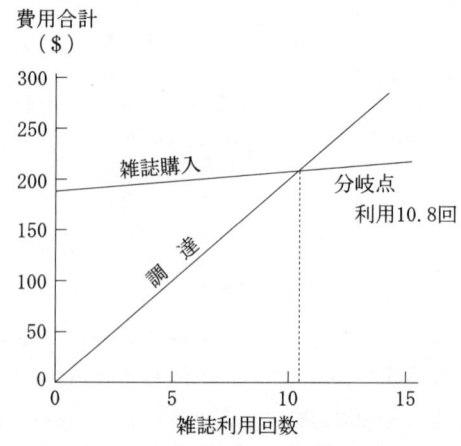

[グラフ：費用合計($)を縦軸（0〜300），雑誌利用回数を横軸（0〜15）とし，「雑誌購入」の線がほぼ水平に200付近を推移，「調達」の線が原点から右上がりに伸びる。両線の交点が「分岐点　利用10.8回」]

や価値について実地に調査した中で，所有と調達についても費用面から論じている。図4-4のように購読料120ドルの雑誌の場合，コレクションとして所有した場合は，

　費用＝購読費用＋占有スペース＋発注・受入費用＋保持費用（製本・欠号補充）＋整備費用（再配架等）＋廃棄

にかかる間接費を含めると188ドルとなり，調達した場合1論文あたりの間接費も含め，平均18.9ドルとなり，10.8回の利用が所有か調達かの分岐点になるとしている。米国の例であるので，数字はともかく，所有には購読以外の隠れた費用がかかるということである。

　調達の費用にも隠れた費用要素が存在する。最近では雑誌原論文を調達する場合，以下のようなさまざまな方法が可能になっている。

＜雑誌原論文調達の方法＞

- 相互貸借
- 情報サービス機関
- フルテキスト・データベース
- オンライン,インターネット上からの原論文発注
- イメージ CD-ROM
- 電子ジャーナル(インターネットなどネットワーク経由)

ただし,発注,経費処理にかかる労働費用や,専門図書館で必要とされる入手の迅速性などを考えると,所有より調達が本当にコストダウンになるか疑問の場合も多くある。

<雑誌原論文調達の費用要素>
- 価格
- 図書館員(または利用者)の労働費用(書誌事項確認,発注,経費処理)
- 機器費用,接続利用料金
- 入手までの所要時間(スピード)
- 充足率
    潜在充足率(注文の受け取れる範囲,収録範囲,著作権)
    実際の注文に対する充足率
- 原論文と完全に同じものか(写真,図表などイメージ収録か,テキストデータのみか)

逆にデータベース検索が可能であったり,他の一次情報や二次情報へのリンクが張られているという付加価値がつき,効果が高いという場合も考えられる。

4.2.2 潜在ニーズを満たす

情報ニーズを分析した場合,利用者の真のニーズには,利用者の「要求」(顕在ニーズ)だけでなく「需要」(潜在ニーズ,利用者は気づかないが利用者に必要なもの)も存在する。利用者の情報ニーズは,非常に特定化されたものから漠然としたものまで多様である。

利用者の行動は特定の主題に関して探している場合でも,検索ツールを利用する以外に,直接書架へ行って探す場合が多いはずである。情報資源が分野別,主題別に並べられていることによって,利用者は書棚で関連情報資源を見つけることができる。コレクションは検索を補う機能をもっている。利用者のニーズがもっと漠然としていて自分の研究テーマ,あるいは自分の「研究テーマを何にするか」を探して,情報資源をブラウジングしたり,最新動向を知るために定期的に新着雑誌などをブラウジングすることも多い。さらに,ただ目的もなく図書館にやってきて,情報資源をめくっていて思いもかけない発想や情報を得ることもある。

図書館が情報資源を選択してコレクションとすることは,われわれがその情報資源が利用者に価値があると判断して積極的に提示する行為ともとらえることができる。そう考えると,親機関の経営方針,事業内容,利用者の研究テーマなどの変化や世の中の動きを素早くキャッチして,図書館側から能動的にコレクションとして提供していくこと自体,潜在ニーズを満たすための情報サービスと考えられる。

また,以上のようなコレクションが果たしている検索ツールを補う機能やブラウジング機能を考えると,電子情報資源においては,

このような機能をどのように補っていくのか。インターフェース機能の中に利用者の漠然とした情報要求にも対応できる電子情報資源の設計，技術開発が望まれる。

4.2.3 長期ニーズを満たす

(1) 情報発信源

　情報化の進展により，図書館だけでなく機関内外のさまざまな場所で情報が蓄積，発信されつつある状況を考えると，図書館も一つの情報発信源と考えられ，差別化できる固有のコレクションをもつことが重要になってくる。逆に言えば，所蔵目録が電子化されていれば，機関内外ネットワーク上へのせて発信することも容易になってきているわけである。

　他の図書館とネットワークを組む際にも，固有のコレクションを収集しているという強みがネットワーク構成メンバーとして有効性を発揮する。専門図書館はそれぞれに個性ある情報資源をもっているはずであるし，単体では価値が高くないものでも，系統立ったり網羅的に収集されることによって「コレクション」として価値が出るということもある。小規模図書館であっても，自館の専門領域の中からこれだけは，という強みを見つけられるであろうし，またある領域や主題の情報資源を集中的に集め提供しているうちに，あそこの図書館で収集しているのだったらということで，その関連の情報資源がさらに集まってくるということも予想される。

(2) 社会的資産

　角度を変えてみると，利用者がある情報資源を必要としたときに，

自館での「所有」，外部からの「調達」にかかわらず，必要なときにどこかに保存されていなければ提供できない。専門図書館は灰色文献をはじめ，大学図書館や公共図書館では収集されないユニークな情報資源も多数収集している。たとえ私企業のコレクションであっても，自館が所蔵するコレクションは，社会全体の知的資産の一部を構成していると考え，他にないものは保存していくという自覚も必要である。他になく固有な情報資源ということから，機関内発生情報資源の収集・蓄積も重要性を帯びると考えられる。また，他にない情報資源をもっているということは，他機関とネットワークを組む際の大きな切り札ともなりうる。

ただ，予算やスペースの限られている専門図書館では自館の情報資源を全面的に保存していくことにも限界がある。実現が難しいが，分担保存やデポジット・ライブラリーの設立について，専門図書館全体や館種を越えた相互協力によって整備していくことが望まれる。

4.3 情報化とコレクション・ディベロップメント

4.3.1 情報化の利用

エンドユーザーがいながらにして情報にアクセスできる環境は，図書館にとって脅威と受け止められがちであるが，それは同時に図書館にもさまざまな情報にアクセスできる機会をもたらしている。機関内外の電子化，情報化や情報サービス産業をコレクション・ディベロップメントに生かす方法はいろいろ考えられる。機関内ネットワークが導入され，仕組みさえうまく整えられていれば，親機関の経営方針，事業内容の変化から利用者の対外活動，研究テー

マまで，われわれはいながらにしてつかむことができ，利用者のニーズ先取りの強力な手段となる。外部ネットワークの進展により，情報資源，情報の出版，発生状況もより速く広い範囲でつかむことが可能となり，さらに出版情報を機関内ネットワークにのせて利用者から選定のためのフィードバックを得ることもできる。オンラインやインターネット上からの発注で受け入れ業務のスピードを早めることもできる。もちろん大容量の情報を保存できる電子媒体の効果的な活用が，専門図書館に希少な経営資源であるスペースの大きな節約となる。つまり，情報環境の進展をコレクション・ディベロップメントにうまく生かせるか否かはわれわれ次第ということである。

4.3.2 新しい選択基準

CD-ROM，インターネット経由で提供される情報製品等，電子情報資源の選択には，従来の「選書」基準に加えて，検討すべき多くの要素が加わった。トリシャ・デービスは電子情報資源の選択基準の主な項目として，以下をあげている[9]。

- 自館の情報環境
    自館の機器のハードウェア，ソフトウェア，ネットワーク環境に適合しているか
- 収録内容
    インターフェース・検索の機能・速度，加工性，更新頻度
- アーカイブ
    過去のデータ，情報が蓄積され，アクセスが保障されている

か
・ライセンス制限
　　購入かリースか
・利用制限
　　利用者数・利用場所の制限はあるか,複数の同時アクセスは可能か,情報のダウンロード,再利用が可能か

　電子情報資源については,製品の無料での試用期間を設けている提供業者も多い。業者との交渉により,情報資源導入の検討に十分な試用期間を得て,収録内容や機能,実際の使い勝手を詳細に確認することが重要である。図書館だけでなく,潜在的な利用者グループにもモニターとして試用してもらい,彼らの意見や評価もうまく取り入れていくことである。

　図書館の役割は情報資源の選択にとどまらない。既存の電子情報資源の収録内容や利用形態が自機関のニーズにそぐわない場合は,提供者に対して,ニーズに合った製品への改良や新しい製品の開発を提案したり,導入しやすい契約条件を交渉することも図書館の役割と言える。例えば,小規模図書館の多い専門図書館では,大口で高額な電子情報資源の予算化,導入に苦慮する場合も多い。提供業者に,低額で図書館ごとのニーズにカスタマイズされた小口の製品の提供を提案したい。一館のみでの交渉は難しくても,同様の悩みや要望をもつ図書館同士が一丸となって交渉すれば,提供業者を動かす力となるに違いない。

4.3.3 バーチャル・ライブラリーの落とし穴

　紙の情報資源をコレクションの主体とした物理的な施設としての図書館から，電子情報資源のコレクションやネットワーク情報資源の活用によって，あたかも電子空間を一つの図書館のように考える「バーチャル・ライブラリー」への移行は，確かに専門図書館にとって大きな福音に思われる。スーザン・ディマティアは，「バーチャル・ライブラリー」は，複数事業所への閉館時間なしの24時間サービス，図書館にかかわる費用・スペースの削減，業務・情報資源の重複回避，情報の効率的な管理，最先端の情報提供を可能にするとし，「バーチャル・ライブラリー」を推進しつつある米国の専門図書館の実例を紹介している[10]。わが国の専門図書館も米国の専門図書館と同様の方向を辿ると考えられるが，「バーチャル・ライブラリー」という概念は，コレクション・ディベロップメントの観点から，新たな問題を孕んでいることも忘れてはならない。

　第一に，電子情報資源における「所有」の永続性の問題である。電子情報資源の導入については，「所有」と「利用」という概念が曖昧，複雑化してきている。従来の紙媒体の情報資源は，いったん対価を支払えば，自館の永続的な所有物となり得た。一方，電子情報資源の契約は，情報資源を一見購入しているようにみえるが，契約期間中の「利用権」を取得しているにすぎない場合も多い。例えば，インターネット経由で提供される電子情報資源の購読を中止した場合，購読中止後は過去の契約期間のバックデータについて，アクセスが保障される続けるのか。CD-ROM のようなパッケージ型の情報資源であっても，契約によっては，契約中止後は返却しなけ

ればならない場合もある。コレクション・ディベロップメントの一環として導入してきた電子情報資源が，図書館の予算削減などによって契約を打ち切らざるを得なくなった場合，気がついてみると自館のコレクションとして残っていないという事態も想定される。

　第二に，情報資源提供側の存続の問題がある。情報資源の流通経路や利用者行動の変化が，出版界や情報産業にどのような影響を与えるのか。情報資源をあらかじめ「所有」せずに必要に応じて「調達」するという図書館の傾向は今後もますます増加すると考えられる。例えば，調達が容易になったことや予算削減を理由に，各図書館が購読雑誌の打ち切りに走り，さらに雑誌価格が高騰し出版者側の収入は減り，やがては出版の存続も危うくなる場合も考えられる。電子情報資源の購読形態や価格がどのように設定されれば，長期的な提供が保障されるのか。提供者側が経営難，もしくは何らかの事情によって電子情報資源の提供を中止すれば，図書館のコレクションから消滅してしまう可能性もある。

　第三に，電子情報資源の長期保存とアクセスの問題がある。電子情報資源のアクセスには，データ，ソフトウェア，ハードウェア（情報通信機器）の３点が揃っている必要がある。電子情報資源は，情報技術の進展によって，遅かれ早かれ，それを読み取るソフトウェア，ハードウェアが陳腐化し，アクセスできなくなることは避けられない。現在の情報環境では，アクセスを保持していくためには，新技術に合わせて，データの変換，新しいソフトウェア，情報通信機器への変更を永続的に行わなければならない。自館で電子化した情報資源や機関内で作成した電子情報資源の避けられない課題

である。購入した電子情報資源についても,陳腐化してアクセスできなくなる前に,提供者側が新しい技術に適した製品を新たに作成し,交換してくれるという保障は定かでない。例えば,現在コレクションとして保有しているCD-ROMのデータに,数年後にもアクセスできるだろうか。

　第四に,フローな情報が急増する中で,簡単に改変され得る電子情報資源の完全性や信憑性の保障の問題があげられる。あらゆる場所から膨大に発生する情報の中で,必要な情報を蓄積し,長期的な利用者の情報アクセスを,誰がどのように保障していくのか。

　以上に述べた問題から浮かび上がるのは,専門図書館のコレクション・ディベロップメントが,今や社会全体の情報環境に大きく依存し,その情報環境自体も混沌きわまりない状況にあるという事実である。技術的な課題,費用分担,法的,制度的な整備をはじめ,山積する問題に対して,専門図書館,他館種を含めた図書館全体のみならず,情報資源の生産から提供,蓄積に至るまでの,情報環境にかかわるすべての機関や産業との協力,協働が必要とされる。

　スチュワート・ブランドは,人類は,歴史上かつてない文明喪失の危機にさらされていると警告を発している。彼によれば,紙に書かれた情報資源は,適切に保存されていれば,たとえ500年を経ても読み取ることができるが,電子情報資源は情報技術の進展により,このままでは数年後にさえ読み取ることができなくなってしまう,世界中で爆発的に増加する電子情報資源の長期保存,アクセス保持について,早急に何らかの対策を講じなければ,われわれが後世に残すべき知識文明の蓄積が消滅してしまう,という強い危惧の念を

述べている。また彼は，電子情報資源の生産者は，情報資源に経済的価値がなくなった時点で保存の動機を失ってしまう可能性が強いので，保存の技術力をもち，組織としての継続性のある図書館，大学，政府機関などが電子情報資源の保存の役割を担うべきではないかとも示唆している[11]。

欧米での電子情報資源保存に対する取り組みの一例をあげれば，米国では保存・アクセス委員会 (Commission on Preservation and Access) と研究図書館グループ (Research Libraries Group) が合同で「デジタル情報の保存に関するタスクフォース」(Task Force on Archiving of Digital Information) を設置し，電子情報資源の長期保存の問題を検討している。同組織では，電子情報資源を，あるハードウェア／ソフトウェアの構成から別の構成へと，また，ある世代のコンピュータ技術から次世代のものへと定期的に交換していく「マイグレーション」という方法を推奨している。その目的は，技術が不断に変化していく中で，情報の完全性を保持し，情報を表示，検索，加工，利用する能力を維持していくことである。さらに，マイグレーションによって文化的価値を有する電子情報資源を収集，組織化し，長期的な保存とアクセスを保障していくディジタル・アーカイブズという機関の設立を提唱している[12]。

わが国においても電子情報資源の保存に対して，国家的，公的なレベルからの基盤整備が必要であり，専門図書館も知識文明の継承者の一員であるという自覚のもとに，基盤整備に向けて積極的に社会に働きかけ，かかわっていくべきであろう。

4.4 コレクション・ディベロップメントのマネジメント

限られた予算，スペースの中でぶつかりあう情報ニーズをうまく満たし調整して，コレクション・ディベロップメントを行っていくには，計画，実行，その評価（フィードバック），計画の練り直しというサイクルが必要である。

4.4.1 計画

コレクション・ディベロップメント方針を明確にし，できるだけ文章にしておくことである。親機関の経営者や利用者から承認を受けることによって，よりよい収集体制が築かれる。特に電子情報資源のコレクション・ディベロップメントは，その機関の情報システム環境に依存するので，システム部門からの認知や協働も必要である。以下に主なチェックポイントを示した。

1）なぜ（目的，意義）（Why）
  - なぜそのコレクションが存在するのか。下記①②を整合したものから，直接ニーズ，潜在ニーズ，長期ニーズの配分を考える。
  ①設置母体の目的，その業務活動の支援，その中での図書館の位置づけ，所属部門（技術研究所，調査部，広報部など）と期待される機能，サービス対象。
  ②図書館が目指すビジョン，コンセプト。具体的には「レファレンス・ライブラリー」「知的交流のサロン」「知的創造の場」など。

2) 何を（どの程度）（What）

- コレクションとして何（専門領域，形態，媒体，機関内情報資源など）を，どの程度収集するのか。廃棄基準，保存年限についても設定する。収集レベルの設定については付録1（p.82-83）を参照。
- 特に電子情報資源の収集方針や，コレクションのマイクロフィルム化，電子化の方針についても明確にしておく。
- 利用者も有力な情報資源の収集者，生産者であるので，機関内全体の情報資源を洗い出し，方針に合った部分を図書館が管理する。

3) 誰が（Who）

- 誰がコレクション・ディベロップメントを行うのか。図書館のみで行うのか。利用者にどの程度参画してもらうのか。図書館のスタッフの中では誰が行うのか。

4) どこに（Where）

- コレクションをどこに保管，蓄積するのか。
- 一機関に複数の図書館がある場合，各館どのように分担するのか。
- 図書館と他部署にどのように分散するのか。
- 自機関や外部の倉庫，トランクルームをどの程度利用するのか。

5) どのように（How）およびいつ（When）

- 収集，選択，保管，廃棄のプロセスをどのようにいつ行うのか。

・利用者の情報ニーズを把握する公式ルートを設ける。
  例）利用者からの購入依頼方法
    図書委員会の設置，利用者へのアンケート，インタビュー
    機関内会議，研究発表会への図書館員の参加
    通読すべき利用者の執筆物リスト
    利用者への見計らい図書，新刊案内紹介の方法
・選択，収集のノウハウ，ツールについてまとめておく。

4.4.2 評価

　計画に基づいて実行したコレクション・ディベロップメントに対して，定期的に評価，フィードバックを行い，その結果を再度計画に反映させていかなければならない。

　第一は，利用者からの評価，フィードバックが必要である。まず，日常の利用者とのカウンターごしや電子メールでのやりとりから，最も手近にフィードバックを得ることができる。専門図書館は一般的に小規模であり，選書・収集担当者が同時にレファレンス業務や情報サービス業務を行っている場合も多い。利用者の情報ニーズを密接にとらえ，コレクションにただちに反映することができるという利点がある。情報資源の所蔵有無の問い合わせはもとより，レファレンス・サービス，文献入手依頼，データベース検索やSDIから得た文献リストに至るまで，日々の情報サービスを注意深くチェックすることによって，コレクションが利用者の情報ニーズと乖離していないか，また今後どのようなコレクションを収集していくべきか，フィードバックを得ることができる。

さらに定量的なフィードバックを得るために，情報資源管理システムには，コレクション・ディベロップメントの意思決定に必要な利用統計を収集，アウトプットできるような設計を組み入れるべきである。ともすれば，情報資源管理の機械化の主眼は，整理業務の効率化に置かれがちであるが，システム導入の目的の一つは，図書館のマネジメントに必要な統計や情報の入手にあることを念頭に置くべきである。

　第二は図書館自らの自己評価である。本章で前述したように，コレクション・ディベロップメントの目的は，利用者の現在の直接的な情報ニーズに対応するだけでなく，長期的な情報ニーズや潜在ニーズをも満たすべきものである。自館がコレクション・ディベロップメント方針に沿った専門領域やテーマについて系統的に収集しているか，定期的にフィードバックを行う必要がある。具体的には，自館の専門領域をカバーする主題書誌や，専門書に添付された文献リストと自館のコレクションを照合してみる。インターネット上などよりアクセス可能な同様の専門分野を収集する外部図書館のOPACや所蔵目録と比較するなどの方法がある。この場合にも，フィードバックの際に必要となる，情報資源の収集，受入れデータが適切に得られる情報資源管理システムが構築されているかが鍵となる。

　第三に，機関外部からの評価という観点も視野に入れるべきであろう。これは外部公開図書館に限られるかもしれないが，情報化の進展により，自館の所蔵目録をはじめ，コレクションに関する情報をネットワークにのせて発信していくことも容易になってきている。

国内はもとより海外からフィードバックを受ける可能性さえある。ネットワーク上の電子メールやアクセス回数のカウント機能などをうまく利用して，外部からのフィードバックも得られる仕組みを考えたい。コレクションが機関外部から評価されることによって，親機関からの評価も高まるということも考えられる。

4.5 これからのコレクション・ディベロップメント

　情報技術の進展により，必要が生じた都度，情報資源を外部から調達できる可能性はますます広がり，情報資源をあらかじめ図書館のコレクションとして収集，保存しておくことの意義が見失われがちになっている。しかし，利用頻度の多い情報資源をコレクションとして所蔵し，費用対効果の高い情報サービスを行うことは，経営資源の限られた専門図書館の原則として変わらない。

　また，専門図書館の情報サービスの使命が，利用者の漠然とした情報ニーズや潜在的な情報ニーズまでをも満たすべきものであるならば，コレクション・ディベロップメントは，図書館が，利用者に必要と判断した情報資源を自ら能動的に提供していく情報発信の活動ととらえることができる。

　さらに，情報化の進展により，社会のさまざまな場所から情報が発信されつつある状況を考えると，専門図書館固有の情報資源もネットワーク上の一つの情報源として発信していくとともに，かけがえのない社会資産として適切に蓄積していくべきである。

　本章では「限られた」経営資源をいかに有効に活用するかについて論じてきたが，図書館に与えられる経営資源を増大させ，充実し

た情報サービスを行えるようにすることが，図書館のマネジメントといえる。「限られた」経営資源を有効活用して，利用者の潜在ニーズや長期ニーズまで積極的に取り組み，利用者，親機関はもとより社会的に評価されるコレクションを作り上げること，このことがより多くの経営資源の獲得につながる。

おりしも，自機関内外で発生した情報や情報資源の中から，自機関に有益な部分を収集，蓄積して知的資産とみなし，自機関の経営や競争優位に役立てようとするナレッジ・マネジメントという経営手法が，わが国においても広まってきている。これまで専門図書館のコレクションは，機関の中で「費用」と位置づけられがちであったが，ナレッジ・マネジメントの考え方の浸透を絶好のチャンスととらえ，コレクションが親機関からかけがえのない「資産」の一部と認知されるよう，コレクション・ディベロップメントを進めていきたいものである。

＜付録１＞　コレクション収集レベル設定例

1. 自館がコレクションの整理に用いている分類表を使用する。
2. 縦に分野（分類番号付き），横に情報資源の形態，媒体などを並べたマトリックス表を作成する。
3. 情報資源の収集レベルを何段階かに設定する。例えば，下記のように4段階に設定することもできる[13]。

    レベル1：網羅的レベル
    該当分野について，出版年や言語は絞るにしても網羅的に情報資源を収集。
    レベル2：研究レベル

該当分野についての研究を自館でサポートするに足る情報資源の収集。図書，雑誌，電子情報資源，レファレンス・ツール，その他の情報資源をかなりの量収集。

　レベル3：実務レベル

該当分野についてかなり選択的に絞って情報資源を収集。精選した電子情報資源や図書，数種の主要雑誌を収集。該当分野の最近の動きや主な進展をカバー。

　レベル4：通読レベル

数人の利用者のみが興味をもつテーマで，最新動向をカバーする程度。

4. マトリックス表にそれぞれの分類，情報資源の形態，媒体などごとに，コレクション・ディロップメント方針に基づいて，3で設定した収集レベルを記入する。利用者にも同様にマトリックス表に記入してもらい，図書館が設定したレベルと調整すれば，利用者のニーズも設定に組み込むことができる。

5. マトリックス表を機械化していれば，簡単に改訂，更新できるし，分類順だけでなく，キーワード（アルファベット，あいうえお順）や情報資源の形態，媒体別などのリスト作成も可能である。

6. 収集レベルは定期的に見直し，改訂する。機械化された情報資源管理システムにこのマトリックス表を組み入れ，設定した収集レベルと，実際の情報資源の収集，受入データや貸出，利用データを比較，分析できるようなシステムを構築することが望まれる。

引用文献

1) Heartsill Young, 丸山昭二郎他監訳『ALA図書館情報学辞典』丸善, 1988, p. 168
2) 専門図書館協議会編『白書・日本の専門図書館　1992』丸善, 1992,

p. 63 をもとに作成
3）平野英俊他編『図書館資料論』樹村房，1997, p. 57
4）『ALA 図書館情報学辞典』p. 135
5）F. W. ランカスター，中村倫子・三輪眞木子訳『図書館サービスの評価』丸善，1991, p. 177-179（図：p. 179）
6）西岡正行「医学図書館における雑誌の選択・評価」『医学図書館』28 (4), p. 268-282, 1981 をもとに作成
7）Mounir Khalil, "Document delivery : a better option ?" *Library Journal*, February 1, 1993, p. 43-47 をはじめ多数論文あり。
8）Jose-Marie Griffith, Donald W. King. *Special libraries : increasing the information edge*, Special Libraries Association, 1993. p. 165
9）Trisha L. Davis, "The evolution of selection activities for electronic resource" *Library Trends*, Winter 1997, p. 391-403
10）Susan S. DiMattia, Lynn C. Blumenstein, "Virtual libraries : meeting the corporate challenge" *Library Journal*, March 1, 1999, p. 42-44
11）Stewart Brand, "Escaping the digital dark age" *Library Journal*, February 1, 1999, p. 46-48
12）竹内秀樹「デジタル情報の保存をめぐる動向：米国における取り組みを中心に」『ネットワーク資料保存』第45号, p. 2-3, 1996
13）Ellis Mount,. Renée Massoud. *Special libraries and information centers : an introductory text 4 th ed.* Special Libraries Association, 1999, p. 211-212　をもとに作成

参考文献
1．アメリカ図書館協会編『ALA 蔵書の管理と構成のためのガイドブック』日本図書館協会，1995
2．国立国会図書館編『電子情報の保存：今われわれが考えるべきこと：第9回資料保存シンポジウム講演集』日本図書館協会，1999

3．越塚美加「文献のブラウジングが研究過程に与える影響」『学術情報センター紀要』第8号，p. 131-142，1996
4．「特集：外国雑誌の高騰にかかわる諸問題」『医学図書館』45(4)，p. 407-446，1998
5．「特集：ジャーナルのコストパーフォーマンス」『情報の科学と技術』47(2)，p. 58-93，1997
6．「特集：電子ジャーナル」『医学図書館』45(2)，p. 194-216，1998
7．「特集：電子図書館と『紙』の世界」『現代の図書館』36(1)，p. 3-49，1998
8．マーカム，ディアンナ・B.「情報アクセスの将来：ディジタル情報の保存」『情報管理』39(2)，p. 91-100，1996
9．Iris W. Anderson, To bind or not to bind : pros & cons of maintaining paper periodicals in the library's collection, *Information Outlook*, November 1999, p. 24-28

第5章 情報サービス

　私たちをとりまく情報サービス環境は，日々，劇的に変化している。本章では，前半でまず今日の情報環境の変化と今後の情報サービスのあり方，および本章での理論的枠組みを明らかにする。そして後半で，前半でみた理論的枠組みを押さえつつ，実際の図書館現場での情報サービスの方法について個別具体的にみていくこととする。

5.1 図書館情報サービスの変化

　まず図書館の情報サービスの変化を歴史的におってみよう。

5.1.1 伝統的レファレンス業務——パッケージの時代

　図5-1を見ていただきたい。これは図書館の伝統的レファレンス・サービスを図案化したものである。図書館はあらかじめ，自館の利用者のニーズを踏まえ，外部から適切な情報源群を蔵書として内部に抱えておく。情報ニーズをもった利用者が図書館を訪れると，図書館員はその蔵書の中から，その利用者の求める情報（コンテンツ）を含んでいそうな本なり雑誌なりといった情報源を探し出し，それを利用者に提供する。ここで収集・検索・提供の対象となるのは，あくまで情報源（パッケージ）であった。そしてその情報源が，

図5-1 伝統的レファレンス・サービスの流れ

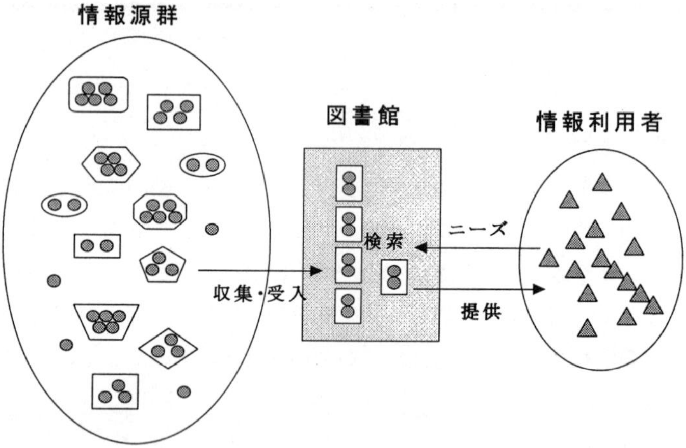

本当に利用者の求めるコンテンツを含んでいるかどうかを確認する作業は，多くの場合，図書館員の手を離れてから，利用者本人の目と手に委ねられていた。

換言すれば，当時の図書館員の関心は主にそのコンテンツよりもパッケージに集中していた。収集の対象はパッケージであり，それを分類・配架する方法も，パッケージごとに違ったアプローチをとるのが正当とされていた。索引作業においても，その対象の多くは，タイトル，著者名，出版社名，出版年，出版地，形状などの書誌事項に費やされてきた。

結果として，当然のことながら情報検索・収集も，このパッケージを媒介としながら行われた。図書館員はたとえコンテンツそのものについては十分な知識を持ち合わせていなくとも，パッケージに

精通している。求める情報はどういう情報源からアプローチしていけば辿りつけるかといった知識を有し，それを駆使するスキルを獲得している。ここに情報源の専門家としての図書館員は存在意義を見出し，活動の場を広げてきたのだ。

5.1.2　データベースの登場──オンデマンドのコンテンツ検索

だが商用データベースの登場は，この図式を二つの側面から壊してきた（図5-2）。まず第一に，自館に蔵書として抱え込んでいなくとも，利用者からのリクエストに応じて，外部情報群にアクセスして必要情報を収集・提供するというサービス形態を図書館の中に産み出した。このオンデマンド・アクセスの考え方は，商用データベースの普及とともに，その後のレファレンス・サービスの主流に

図5-2　データベース検索を組み入れた情報サービスの時代

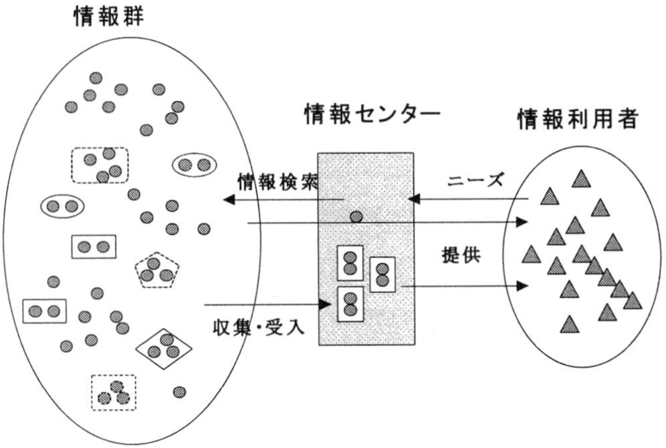

さえなっていく。

　第二に、そこでは、それまで図書館員にとって非常に重要な意味をもっていた、情報を括るパッケージが徐々に削ぎ落とされ、影を薄めていくことになった。特にその後の全文データベースの時代になると、この傾向はさらに加速され、それぞれ顔も形も歴史も違う何千という新聞・雑誌が、統合され、標準化され、並列されることが敷延していった。1冊の体系として売られてきた参考図書や調査レポートもまた、外装を剝ぎ取られ、分断され、一元的に並べられて番号化され、切り売りされるようになったのだ。

　この時代、当然の流れとして図書館の情報サービスはデータベース検索を取り込むようになり、図書館員の多くはデータベース・サーチャーの資格を身につけるようになる。この取り込みは大いに成功し、図書館員の社会的認知度や地位を向上させたと思う。顔のないディジタルの世界といえども、かつての情報源についての知識が有効に働いたからである。オンライン上で検索結果の書誌事項をまず出力させ、その書誌を走り読みしながら、何がそれらしきコンテンツを含んでいそうかを手速くピックアップしていく作業は、その情報源に精通しているからこそできる芸当であった。

5.1.3　インターネット——ダイレクト・アプローチの時代

　しかし、このアプローチもまた、次第に次の世代に取って代わられるようになる。インターネットの登場は、情報を括っていた二つの枠組みをさらに破壊することになる。まず図書館員なり情報センターなりの存在。人はそこに出かけて行かずとも、自分の机から情

報検索・収集することが可能となった。そして情報パッケージの存在。インターネット上では，パッケージは完全に意味を失っている。新聞や書籍や地図や百科事典やといった，かつては確かに重要な意味をもっていた形状は，ここでは全く無視されている。サイトによっては出版社も著者も出版年も出版地の情報もない。インターネット検索エンジンを使って情報検索を行おうとする検索者は，いきなり何千何万（時には何十万）といったコンテンツと直面させられ，そこからほしい情報を抽出しなければならない。

　つまりインターネットは，従来の情報利用者→図書館（サーチャー）→情報源→コンテンツという図式の二つの仲介者を両方とも飛び越し，情報利用者をいきなりコンテンツに直行させる時代を呼んだのである（図5-3）。

図5-3　インターネット時代の情報検索

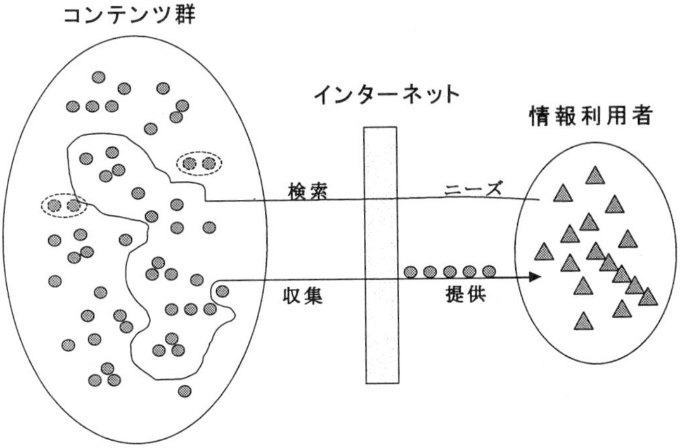

整然と整理された図書館は、たとえ何十万冊の蔵書と、そこに含まれている何億もの情報コンテンツとを有していても、人を混乱に陥れることはない。そこには区分けがあり、分類があり、秩序がある。だがパッケージを飛び越して一気に地表に溢れ出した何億ものコンテンツは、人を惑わせ溺れさせる。書誌情報を頼りにして、目指す情報を含んでいそうな情報パッケージを絞り込む作業は、ある程度論理的、効率的に進めることができる。だが何十万という無秩序なコンテンツ群の中から、目指す情報を含んでいそうな情報切片を見出せといわれても、人は絶望的になるばかりである。

情報洪水とは、単純な情報量の増加に伴って起こったものというよりは、情報がパッケージを失い、個々の独立した切片として氾濫したことによって感覚的にもたらされた要素の方が実は大きいのではないかと筆者は思っている。

5.2 理解ビジネスの必要

パッケージがなくなったことで戸惑っているのは、ライブラリアンだけではない。

リチャード・ワーマンは人々の間に広がっている「情報不安症」(Information Anxiety) について語り、「情報が理解できない、理解すべき情報量の多さに圧倒される、確かな情報が存在するのかどうかわからない、情報をどこで手にいれたらよいかわからない、それにアクセスするための手がかりがない」といった不安が増大している現象に注目している[1]。情報量が増え、ますますアクセス環境が便利になってきたようでいて、逆に人々は、重要な情報をどこかで

見逃していはしまいか，それにどうアクセスしたらよいのか，と絶えず不安がっているというのである。

これに対しワーマンは，「私たちには，情報をアクセス可能にし理解可能とする専門の理解ビジネス(Understanding Business)が必要である」と論じている[2]。

満天の星空は何も語らない。だがその無数の光に全身を浴しながら，一つ一つの点を見出す能力を身につけ，それらを丁寧に結びつけていく技術を磨けば，天空にいくつもの絵を浮かび上がらせることができる。絵はつながりを増すごとに雄弁となり，季節を，方角を，未来を，そして物語を語り始める。それは松岡正剛に言わせれば，情報の「地」(ground)から「図」(figure)を浮き立たせる＜編

図5-4　ナレッジ・センターによる情報提供サービス

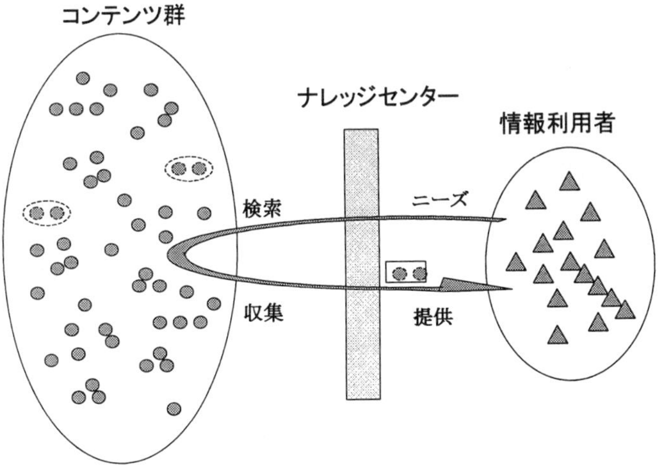

集>の力である[3]。

　それが「理解ビジネス」であり，多少我田引水になるのを覚悟で言いきってしまえば，筆者はそこにこそ，これからの図書館情報サービスの進むべき道があると考えている。つまり，秩序を失ったディジタルの情報世界において，利用者ニーズに沿った形で情報コンテンツを浮き立たせ，収集し，再編集し，利用者にわかりやすい形で提供するサービスである。それをここでは仮にナレッジ・センターと名づけておく（図5-4）。

　そもそも図書館学は，情報源を収集し，それを関連づけ，あるいは区別し，分類しようとするところから始まった学問であった。今またその原点に立ち戻り，パッケージを失った情報コンテンツと向き合い，新たな情報ニーズに合った分類学を考案し，発展させていく役割を担うのは，私たちの必然である。一見なんの脈絡もなく溢れ流れているかにみえる情報群の中から，通底する関係性を見出し，拮抗する波と波とを識別し，大きなうねりと周辺の波動とを配置し直し，必要な情報への道筋を提示するサービス。コンテンツを求める人間に地図を与え，無秩序にみえる情報世界を理解可能なものとし，求める情報へ容易にアクセスできるよう道筋をつけるビジネス。そこでは，新たな社会的ニーズを背景とした新たな理論と技術とが考案されなければならない。そしてこの技能の創出と向上こそが，21世紀の図書館員の仕事となるだろう[4]。

5.3　専門化とネットワーク

　では私たち図書館員が，今後そのようなビジネスを可能にするナ

レッジ・センターを築いていくためには，どうすればよいのであろうか。私たちが情報のプロフェッショナルを自任し，今後ますます進むディジタル時代に通用する情報サービスを行っていくためには，何が必要なのであろうか。筆者はこれを，より一層の専門化とネットワークではないかと考えている。

5.3.1 専門の確立と主題知識

パッケージを頼りにして情報サービスを行っていた時代は終わった。これからの情報サービスは，コンテンツと向き合い，コンテンツを評価し，コンテンツを選び，コンテンツを再編集して利用者に提供することが求められている。

だが一人ですべての情報コンテンツを理解しようとするのは，この広い情報世界において到底不可能なことだろう。そこで私たちに必要なのは，自己の専門を確立し，その分野における主題知識を深めていくことにあると思う。間口を広いままにしておいては，深みは望めない。人のキャパシティには限界があるのだから，深みを増すためには，間口を狭めるほかないのである。ある専門分野の研究者になれと言っているのではない。その分野の情報の専門家になるために，間口を狭めるのである。そしてそれぞれの分野の主題知識を有した情報専門家がネットワークを組み，協力しあうことで，広大な情報の世界へアプローチしていくことが必要なのである。

その意味で専門図書館は，非常に有利な立場にあるといえる。1館ごとにある程度広く間口をとることが宿命づけられている公共・大学図書館に比べ，初めから専門に規定されている専門図書館は，

自己の専門分野の確立にそれほど迷わなくてすむ。扱う専門領域の幅に差はあるとしても,「専門外を扱わない」ことに対して,利用者の理解も得やすい。またそもそも当初から専門に特化してきた結果として,主題知識をもち,コンテンツに立ち入った情報サービスを提供してきた(あるいは提供しようと志向してきた)歴史もある。

今後は,その強みをより発揮し,主題への関与をより深めていくと同時に,互いのネットワークを強化していくことが必要であると思う。そしてこうした専門図書館の実践は,21世紀の図書館情報サービス全体の目指す方向を示すことになるであろうし,専門図書館の経験が,図書館界の範となっていくことができると思う。21世紀は,すべての図書館が専門図書館を目指す時代である。

5.3.2 ネットワークの強化

興味深いのは,自己の専門性の確立とネットワークの強化は,今日の社会的方向性とも一致しているということである。大野剛義によれば,それは「所有」から「利用」へというパラダイムの変換である。「所有」とは「ある主体が人,モノ,カネ,情報などについて『抱え込む』『囲い込む』こと」を意味し,かたや「利用」とは「自分の外部に存在している資源を積極的に活用し,同時に自分が持っている資源を他者に活用してもらう関係」である[5]。「所有」が継続的,安定的,閉鎖的な支配の構図を拡張することによって規模の拡大を目指したのに対し,「利用」はスポット的,流動的,開放的な対等・互恵関係をネットワーク化していくことによって発展する。そして企業が21世紀に生き残っていくためには,「自社のな

かにすべてを抱え込む所有の経営を放棄すること」,「自社の核となる優れた分野に経営資源を集中し,その他の分野は優れた他企業を利用する,その結果,優れた企業同士が結びつくネットワーク経営を志向する」ことが必要だと説いている[6]。

この提言はこのまま,今日の図書館情報サービスの方向と一致している。

私たちは第1章で,情報モールとテーマ・ライブラリーのビジョンを構想した (p.12)。これはまさに,日本がこれから進んでいかねばならない道を専門図書館の側から描いたものである。ここにおいては,規模よりも質が重要な要素となる。各図書館は今後さらに,すべてを抱え込むことから脱皮し,専門とするテーマを設定すること,そしてそこに資源を集中していくことが求められるようになる。そして専門の外におかれた分野については,むしろ積極的に他館を利用することで,高い効率性を発揮していこうとするのだ。

ただし,こうした情報サービス・ネットワークが有効に機能するためには,いくつかの条件がある。

まず第一に,それぞれの図書館がキラリと光る専門情報を有しているということ。専門性があってこそのネットワークであり,それなしには相互利用も成り立たない。

第二に,外部情報サービスについての情報がよく開示されていること。どこでどのようなサービスが利用可能かを把握することなしに,ネットワークの有効利用は望めない。自館サービスの中の何をアウトソースできるのか,またすべきなのかの判断もできない。

そして第三に,自らもよりよく利用されるために適切な情報発信

を行うこと。積極的な情報公開と説明責任があってこそ，ネットワークは内実をもつことができる。

今後，豊かな内実をもったテーマ・ライブラリー・コンプレックスの形成が図書館界全体の課題となるだろう。

5.4 情報サービスの新たな理論的枠組み

以上の議論を踏まえ，本章における理論的枠組みをここで確認しておきたい。

従来の図書館情報学においては，図書館情報サービスを，分類・目録編纂など一般に＜整理＞業務と呼ばれる＜情報の組織化＞と，レファレンスなど利用者の個別リクエストに応じて情報を提供する＜利用サービス＞とに二分して論じることが常であった。しかしこれは，先に述べた図書館情報サービスの第1段階，すなわち情報収集・提供をパッケージをベースにして行っていた時代の，＜受入＞→＜整理＞→＜利用＞という一方通行の業務の流れを基本においたものである。

だがそれがもう通用しないことは，これまでの議論で明らかである。今後は，利用者のリクエストに応じて外部から資料（コンテンツ）を調達し，それらを新たにパッケージ化して提供したり，パッケージになっていたものを分解してホームページ上で発信し，新たな利用を喚起したりと，何が「受入」業務で何が「情報入手」サービスなのか，何が「整理」業務で何が「情報提供・情報発信」サービスなのか，境界線がなくなってくる。これらは互いに連動し，補完し合い，相互に行き交う。＜情報の組織化＞抜きに＜提供サービ

ス＞は語れないし，＜情報提供サービス＞のためにこそ＜情報の組織化＞もあるのである。

そこで本章では，旧来の図書館の作業のワークフローや管理事情から情報サービスを論ずることを採用しない。かわりに用いるのは，利用者ニーズと自館の専門性という二つの座標軸である。利用者ニーズはいうまでもなく，図書館情報サービスの原点であり，自館の専門性とは，前節で述べた，これからの図書館経営の鍵である。専門図書館の存立の原点といってもよい。それぞれの原点に立ち戻り，その今日的様相と，同時に明日の専門図書館（ナレッジ・センター）のあるべき姿も論じられればというのが希望である。

5.5 利用者ニーズの3区分

それではまず，利用者ニーズの検討から始めてみよう。

人には，さまざまな種類の情報ニーズがある。これに対して専門図書館は，それらのさまざまな様相を呈したニーズと情報そのものの出会いの場を演出する。出会いを適切かつ効果的なものとするために，専門図書館としては，個々の利用者ニーズの性格や内容に応じて，その対応も変化させていかなければならないだろう。ここでは，ニーズの具体化の程度を基準に，以下の3段階に分類してみた。

5.5.1 かなり具体的な情報の取得ニーズ

これは利用者が既に相当程度の調査を重ねてきており，あるいはその分野に精通しており，自分が現在求めているものを非常に明確な言葉としてピンポイントできる状態にある場合である。この資料

を読みたい，あるいはこの数値を知りたいなど。このような場合，専門図書館は，そのニーズができるだけ迅速・確実に満たされるような仕組みを整備して応えることが期待される。

5.5.2 具体化しつつある調査ニーズ

こういうことを調べるにはどうすればよいのか，こういった主題を扱った何かよい資料はないか，といった調査の取っ掛かりを求めている利用者もいる。ある程度知りたいことは見えているのだが，どこから始めていけばよいのかわからない，いま一つ焦点が絞り切れていないなど，利用者の調査ニーズの段階はさまざまである。こうしたニーズは，なかなか機械的・標準的な仕組みでは対応しきれない場合も多い。専門図書館としては，その利用者とよくコミュニケーションをとりながら，その分野の調査を代行し，必要とされる情報を提供する，あるいはその利用者が調査しやすいよう，方法の案内・アドバイスを行うといった役割が期待されるところだろう。

5.5.3 漠然とした知的刺激ニーズ

特にこれといって具体的なものを求めているわけではないけれども，何か面白いことはないか，といった漠然とした知的刺激を求めるニーズも人には必ずある。現在こうしたニーズは，どちらかといえば軽視される傾向にあるように思う。すべてをバーチャルな空間で処理しようとする電子図書館の実験に見られるように，利用者がわざわざ図書館に出向かなくとも必要なサービスがいながらにして享受できる環境を整えることの方に，時代の関心が向いているよう

に思われるからだ。

　しかし，新聞や雑誌のブラウジング，新刊書の展示，情報掲示板などによって，旧来，図書館が訪れる人々に目に見えない知的な刺激を与えてきた側面も，今後の図書館情報サービスを考える上では無視してはならないと考える[7]。将来も，こうしたはっきりとはとらえにくいニーズを切り捨てるのではなく，それらと正面的に向き合ってこそ，人の情報ニーズのすべてを取り込み，それらを複合的にかなえていく総合情報センターとしての役割を担うことができる。

　ではここで，利用者の情報ニーズの3タイプをもう一度まとめておこう。
　①情報の取得ニーズ（利用者にとって既知の分野）
　②調査ニーズ（利用者が学習中の分野）
　③知的刺激ニーズ（利用者の一般的関心事）

5.6　情報サービスの9分類

　では次に，第二の座標軸となる図書館側の専門性の問題を考えてみよう。

5.6.1　専門分野
　自館にとって専門となる分野については，利用者のあらゆる段階における情報ニーズに的確に応えていくことが望ましい。また積極的な情報発信も行い，図書館ネットワークへの貢献をすることも期待されるとみてよいだろう。

5.6.2 周辺分野

自館の専門と関連はあるものの,コアではないもの。ここでも基本的な情報ニーズには対応していくことが望まれる。しかしすべての周辺分野に網羅的に対応することはできない。他館との提携,情報サービス会社の活用なども視野に入れ,戦略的なアウトソーシングも考えてしかるべき分野である。

5.6.3 非専門分野

ここは基本的に扱わない。「扱えない」のではなく,方針として「扱わない」のである。何を専門とするか,という判断は,何を専門外とするか,という判断と表裏一体であり,専門外を規定せずに,専門化は望めない。マイケル・ポーターもその戦略論で,「戦略の本質とは,やるべきでないことを選択することなのだ」と述べている。そして「業務活動の全体系が一体となって関係している。……業務活動が相互にフィットしあい,補強しあっていること」が成功の決め手であるとしている[8]。つまり,何かを専門と規定したにもかかわらず,むやみに手を広げ,それがコア・ビジネスと相互に連携していなければ,成功は望めないというのである。

とはいっても一方で図書館はサービス業である。利用者のリクエストにはネットワークを活用し,最大限対応することを考えたい。

以上をまとめて作った枠が以下である。主軸には利用者ニーズの様相をとり,利用者が図書館に求めていることをまず考える。その上で,それが自館の専門分野にかかわっていることなのかどうかを

考慮しながら，それぞれにおける図書館情報サービスのあり方を考える，というスタンスである。

利用者側＼図書館側	情報取得ニーズ	調査ニーズ	知的刺激ニーズ
専門分野	A 1	B 1	C 1
周辺分野	A 2	B 2	C 2
非専門分野	A 3	B 3	C 3

それではいよいよ，上記の枠組みにそって，9分野における個別の実践についてみていくことにしよう。

5.7 自館の専門分野における利用者の情報取得ニーズ（A1）

何か特定の資料を求めて図書館を訪れた利用者にとって，一番大切なのは，目的の資料が迅速，的確に入手できることだろう。それが図書館にとってコアとなる専門分野に向けられているのなら，そうしたニーズに十全に応えることはその図書館の責務でもある。最低限の基本といってもよい。図書館員を介さずとも，そうした資料がきちんと整理，配架され，迷うことなく利用者自身がそれを即座に手にすることができるのが理想だろうし，それができずとも，図書館員にたずねたり，いくつかのツールを頼れば，確実，迅速に入手できるという体制を整えておかなければならない。

5.7.1 所蔵案内

「ここに何はあるのか」「それはどこにあるのか」。所蔵に関する

質問は,目録の開放や館内サインの充実によって,利用者自身でわかるようにしておく。図書館のホームページに所蔵情報をのせ,利用者自身に検索してもらおうとする場合も同様である。内部の人間にしかわからないような通称,略称,図書館専門用語は極力避けること。初めての利用者でも自然と目的物まで誘導されていくようなナビゲーション機能をもったデザインを考える。

専門図書館ではその専門性によって,ある程度,利用者の資料の使い方を特定・予測できる場合が多い。そうした分野における即応性を高めるためには,よく聞かれるものをあらかじめまとめておいたり,目につきやすく表示しておくことも重要だろう。資料の探し方・使い方に関してどうしても説明が必要な部分については,定期的な利用者研修を開くことが効果的な場合もある。

5.7.2 配架

公共図書館など,一般利用者を幅広く相手にする図書館では,どこでも最も一般的な法則を採用せざるを得ない面がある。人によっては,グループ分けは少ないほどよく,あらゆる資料をまとめて一本化して並べるのが理想という意見さえある[9]。

しかし専門図書館の場合,自館の専門に深くかかわる分野の資料と,一般的な(専門外の)資料とを一本化してしまうことには問題があるだろう。すべての資料に一般法則を適応させては,特殊性をもった文献グループを全体の中に分散させることとなり,それを求めている利用者の便宜を犠牲にしてしまうことになる。また極端な場合には,そうした文献の存在さえ,利用者に伝わらずに終わって

しまう。各種の専門資料を扱う専門図書館においては，むしろ積極的にコレクションのグループ分けを行った方が，利用者の便宜につながることも多い。

グループ分けの原則は，最初のアクセスポイントが同じものをまとめ，そのアクセスポイントを標目として配列することである。雑誌はタイトルの ABC 順，書籍は日本十進分類法（NDC）分類などといった配列法も，雑誌はそのタイトルで聞いてくることが多い，書籍は内容で調べることが多いという利用の一般法則に則っているにすぎない。

それでは専門図書館ではどのようなことを考慮に入れながら，グループ分けを行うべきなのだろうか。

①内容：白書，統計，参考図書，地図，灰色文献，官報，特許資料，規格資料，技報，法律書，学術雑誌，読み物，社内資料など，どういった内容を扱っている資料なのか

②形態：百科事典のように何巻も並ぶもの，雑誌のように薄いもの，背表紙のないもの，1 枚の紙，バインダーに綴じられるもの，綴じられないもの，CD-ROM など，形態にどのような特徴があるか

そして本章における重要なポイントである，

③専門分野との関連度：自館がコアとしている分野なのか

④利用者ニーズ：利用者はどういう求め方をしてくるか

も最重視されるべきであろう。

例えば法律を専門とする図書館では，各主題別の法律書がその関連書や参考書と一緒に分類され，共に配架されていた方がよいかも

しれないが，他の図書館では法律書として独立・別置されていた方がよいかもしれない。自館の専門分野における学術雑誌は図書扱いにし，件名から検索できるようにするが，専門外の一般雑誌はタイトル別でよいかもしれない。年鑑のバックナンバーと最新版を並べておいた方がよい場合もあるだろうし，切り離した方がよい場合もあるだろう。すべての専門図書館に通用する一般法則はない。専門が違えば，配架方法も違って当然である。自館のコレクションの多寡，専門性を踏まえ，その専門資料を求めてくる利用者にとって最も利用しやすいような配架方法を考えたい。

5.7.3 目録

とはいっても単一の標目ではアクセスできない，少数ニーズ（あるいは一般ニーズ）は常に残る。それをバックアップするためのツールが目録である。今日では，ライブラリー・オートメーションの発達によって，たいていの図書館では書誌データベースをもち，複数のアクセスポイントからの検索を可能にしている。

また書誌データベースは，館内利用者のみを対象とする場合と館外（遠隔地）利用者をも対象とする場合とで，作り方が異なってくると思われる。館内利用者のみならば，すべてのコレクションはそこにあるわけだから，大まかな所在情報さえあれば，あとは実際の現物を確かめながら，ほしい書籍を探してもらった方が効率もよいだろう。しかし，実際に本を手にとれない状態で，それがほしい本かどうかを判断しなければならない遠隔地の利用者も相手にするのであれば，データは細かく，索引もなるべく多く，複数の角度にわ

たってとり，その書籍の内容がよりわかるようにしておく必要があるといえるだろう。利用者の状況と，それに対応するためにかかる図書館側の整理の手間とコストを勘案しながら，目録サービスの充実度を決定したい。

5.7.4 インハウス・データベース

　データベース化するのは，何も書誌に限る必要はない。組織内の各種文書や，場合によっては写真や図版類，ソフトウェアや電子ファイルなどの管理とサービスを図書館が担うこともある。

　あるいはよく聞かれる質問であるにもかかわらず，一つの情報源ですぐに対応できない，ニーズが高い割にちょうどよい資料がない，といったような場合には，独自に資料を作成して閲覧に供したり，関連データをデータベース化してユーザー自身が検索できるような体制を整えておくことも重要な情報サービスだろう。

　扱う情報源の性格によって，どういったアプリケーションを使い，どういったデータベースを構築するのが適切なのか，よく検討したい。いったん構築したデータベースの変更は容易にはいかない場合も多い。データベース構築については，専門の参考書も多く出ているので，細かな点についてはそれらに譲ることにし，ここでは基本的な注意事項だけあげておく。

　①何をデータベース化するのか：単なる所蔵リストでよいのか，それとも実際の写真や図版，電子ファイルなども組み込んだものにするのか。前者の場合，書誌と同じデータベース・ソフトを適用するのか，それとも独自のアプリケーション・ソフトを

用意する必要があるのか。

②どのような機能が必要なのか：利用者はどのような検索や出力をしたいか，いろいろな場合を想定してみる。アプリケーションにその機能があるからといって，不必要な検索や出力フォームをたくさん付け加えても，利用者は混乱し，利便性はむしろ低減してしまう。必要かつ十分なものに限定すること。

③どのようなデザインが望ましいか：わかりやすさ，簡便さはデータベース構築の重要な要素である。

④自分で作るのか，専門家に依頼するのか：高度な機能をつけたいと思えば，当然専門家の協力を得なければならないだろう。だがその場合にも任せきりにせず，自分のニーズを積極的に伝えること。また自分でもある程度，そのアプリケーションの仕組みを理解するよう努めること。データベースは後日必ず修正を加えたくなるものである。以前は想定していなかったタイプの文書が出てきたり，必要な項目が増えたり，あるいは不必要な項目が出てきたり，修正は必ずいつか起こるといってよい。そのとき，それを自分でできるのか，あるいはそれもまた専門家に依頼する必要があるのかも確かめておきたい。個人的な意見としては，あまりすべてを専門家に任せ，小さな修正さえ専門家に頼まなければならないようなタイプのアプリケーションは避けるべきであると思う。

よく下調べをし，他館での評判なども踏まえて注意深くアプリケーションを選ぶこと，初期のデザインにおいて多角的なテストやシミュレーションを行い，本格的な構築の前に必要な修正をすませ

ることなども重要である。

5.8 自館の周辺分野における利用者の情報取得ニーズ（A2）

それでは次に，自館の専門に関連してはいるものの，コアの蔵書ではない分野で，利用者から具体的な情報の調達を依頼された場合を考えてみよう。自館の専門性を強く打ち出し，蔵書を絞り込めば絞り込むほど，一方でこうしたニーズと向き合う可能性は当然増えてくる。それを自館では扱わないことにしましたので，とあっさり断ってしまえば，専門性の特化（蔵書の絞り込み）が利用者にとってはサービス向上どころか低下を意味することとなってしまう。たとえ所有は絞り込んでも，そのことが文献アクセスを失うことに直結してはならないだろう。ネットワークを最大限に活用し，周辺分野における文献調達についてはまるで自館に所有しているのと同じくらいの利便性を保証することが理想となる。

5.8.1 データベースによる文献入手

自館のコレクションにみたい文献がない場合，利用者は当然，どうすれば入手できるのかを図書館員に聞いてくる。最も一般的なのが，データベース検索によってその文献を入手することだろう。

専門および周辺分野の文献入手を外部の商用データベースに頼る場合は，実際の文献を紙媒体として入手するのと，データベースから入手するのとでどこが違うのかを押さえておく必要がある。

①取得できる内容：抄録，本文，図表，写真など。

②デリバリー方法：オンライン，FAX，郵送など。
③タイムラグ：紙が発行されてから，それがデータベース上に収録されるまでの時間差。
④デリバリー時間：FAXや郵送の場合，注文から手元に届くまでの時間差。
⑤料金：内容や方法によって違う場合があるので注意する。
⑥検索性：利用者がもっている情報が不十分である場合，データベースの検索機能によっては，求める文献がピンポイントできない場合がある。また一般的にデータベースはブラウジングの機能が弱いので，利用者の要求するものよりも，つい多めに発注することになりがちである。

インターネットの登場によって，文献へのアクセス可能性は飛躍的に向上したが，その一方で，デリバリー方法や料金設定の多様化も招き，それらすべてを把握しておくことはベテラン図書館員といえども難しい状況になってきている。普段からアンテナを高くはっておくこと，情報ベンダーとの関係をよくし，情報収集に努めること，わかりやすくまとめた一覧表などを作成し，定期的に更新することなどを勧めたい。

5.8.2 データベース上にない文献の入手

とはいっても，やはりまだインターネットやデータベースではカバーしきれないコンテンツというものは存在する。その場合の文献調達方法として考えられるのは，図書館相互貸借制度（ILL）を使って他の図書館から借りる，書店や出版元から購入する，などの

方法である。

ただし，相互貸借制度は，多くの場合学術目的の専門図書館に限られ，営利団体に属する専門図書館でこの制度を利用できるところは少ない。また書店などからの購入が難しいものや，出版元から取り寄せようとすると多大な手続きや時間がかかるものなども多く存在する。自館の周辺分野においては，文献に対するアクセスはなるべく利便性の高い状態にしておくことが好ましいため，あまりに入手に手間がかかってしまう場合などは，コアの専門分野に入らない文献でも自館のコレクションに抱えておく方が望ましいこともある(5.10.1参照)。

5.8.3 ねじれの修正

「何々という文献を入手してほしい」というリクエストは，一見非常に明確で具体的な注文に聞こえるが，実は利用者はその文献をよく知らずに請求している場合がよくある。あるデータを見るにはAの資料でも十分なのに，あるいはBの資料の方がよい（質が高い，手近にある，値段が安い）のにもかかわらず，Cでなければならないと思い込んでいる場合というのが意外に多い。図書館側としては，具体的な文献入手に入る前に，このねじれを修正しておく必要がある。いったい何を求めているのか，最終目標を聞き，利用者がその文献をどの程度知った上で，それを注文しようとしているのか。また利用者が何を優先課題とし，なぜ類似文献ではいけないのかを確認しなければならない。その際，それにかかる手間とコストとを提示し，利用者自身に何を優先させるか判断してもらうのもよい。

こうした会話をもつことで，単純な文献取得依頼と思っていたものが，レファレンスや調査に発展することもままある。また図書館員が情報の調達方法や情報源について広範な知識を有していることを知ってもらうことで，普段は文献調達のみに図書館を利用していたような利用者が，今度は調査の相談をしに訪れるようになる，ということもありうる。あるいは単に利用者がどんなことを求めているのかを知るだけでも，図書館員にとってはコレクション・ディベロップメントや配架やその他の情報サービスに大いに役立つ貴重な情報となる。文献調達は，利用者と図書館との関係を作る第一の窓口である。利用者に言われたことをただそのまま遂行するのではなく，この機会を上手に生かして一歩踏み込んだ関係づくりに発展させていきたい。

5.9 自館の非専門分野における利用者の情報取得ニーズ（A3）

これは，利用者が欲した情報が，図書館側にとっては専門外で取り扱いの範囲外にある場合をいう。インターネットの発達によって，図書館がアクセスできる文献の範囲は，従来では考えられないほど格段に広がった。だができることと，やるべきことというのは違う。簡単にできるようになったからといって，専門外の文献調達を多く引き受けていては，専門図書館の主たる役割がぼやけてしまう。またすべての専門図書館ができること，やりやすいことだけをやっていては，あらゆる図書館の同質化を招き，有効なネットワークも成り立たない。

ここは，外部の文献調達サービス会社や図書館ネットワークの活用を積極的に考えたい。

5.10 文献アクセスにおける壁の存在

専門図書館は従来，専門性に深くかかわった文献を館内におき，専門外の文献は館外に出すことで，壁の内側に使用者にとって非常に利便性の高い情報環境を提供してきた。館内にない資料については，レフェラル（紹介）・サービスという，その分野を専門とする，あるいはそうした文書を保持していそうな総合図書館を紹介するサービスがとられてきた。これはすなわち，アクセスは保持しながらも，日常的な情報環境からは外すという，ある意味で理想的なサービス環境の形態であった。専門化をより強烈に打ち出すという方針からすれば，今後もこの方向は積極的に推進されこそすれ，決して逆転してはならないことである。しかしながら，現在の情報アクセス環境はこれを完全に崩す方向に向かっている。つまり，電子的に配信される文献の増加とインターネットによるボーダーレスな情報流通環境の発達は，図書館の物理的な壁を無意味なものとし，自館の専門以外の文献を大量に日常的なアクセス環境の中に呼び込んでしまっているのである。

ここで，今日の文献アクセス環境とその問題点を簡単にまとめておこう。

5.10.1 インターネットがもたらした変化

図5-5は，縦軸が自館の専門性との関係を，横軸がその文献の

一般的な情報環境における調達速度を示している。まず自館の専門分野における文献はコレクションとして所有されているのが原則だが、その文献の一般的電子化状態が非常に進み、調達にかかる速度がきわめて速い場合は、専門分野の文献であってもこれを所有せず、必要に応じてアクセスする、という処置がとられることがありうる。これは電子化やインターネットがもたらすプラスの側面であり、利用者にとっての利便性も図書館側の経済性も適えられている例である。

次に周辺分野における文献においては、基本方針としては積極的に所有から外しアクセス圏内におくという戦略をとりたい。しかし5.8.2で確認したように、その調達にかかる速度がきわめて遅い場合や、あまりに入手に手間がかかってしまう場合などは、コアの専門分野に入らない文献でも、自館のコレクションに抱えておく方が望ましいこともある。特に専門に近い周辺分野での文献は、アクセスに一定の利便性を保証しておいた方がよいからである（より一般的な所有とアクセスの問題は、第4章において詳しく論議されているので参照されたい）。

第3に非専門分野における文献については、積極的にこれをもたないというのが本章で推奨する戦略であるが、皮肉にもインターネットの発達によって膨大な非専門分野の文献がアクセス圏内に入ってきてしまっており、調達が非常に簡便にできてしまうようになっている。つまり、戦略的には利用者から引き離しておきたい、専門とはまったく関係のない文献が、利用者の身近で、素早く簡便に、かつ安価で入手しうる、という逆転現象を起こしているのであ

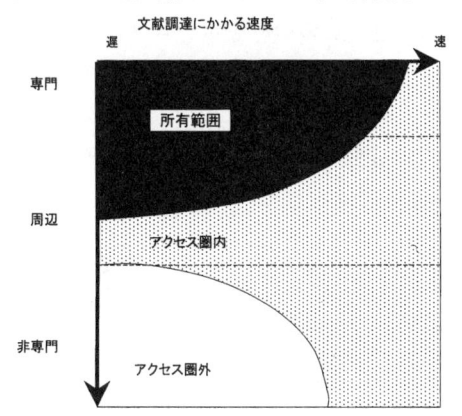

図 5-5　文献所有とアクセスの今日的状況

[図：縦軸は「専門／周辺／非専門」、横軸は「文献調達にかかる速度（遅→速）」。領域は「所有範囲」「アクセス圏内」「アクセス圏外」に分かれる。]

る。

　こうした逆転現象は，一見便利になったようでいて，実は専門的な情報を求める利用者にとっては決して使い心地のよい情報環境にはなっていない。むしろ不必要な情報を大量に呼び込み，混乱を増強し，検索効率を悪くするマイナス要因となっている。図書館側としては，関係のないものをいかに利用者の情報アクセス環境から除き，専門性に特化した環境を整えてやるかがむしろサービスの柱となる。

5.10.2　ホームページ

　こうした課題に対して最も有効なのが，図書館ホームページの作成であろう。つまり，かつて館内・館外といった物理的な壁で行っ

ていたことを，今度はバーチャルな空間で実現するのである。必要なもの，専門に近いもののみをホームページに揃え，それ以外をページから外すことによって，かつて壁の中で実現していたことを再現するのだ。つまり図5-5における「アクセス圏内」の中で，専門分野と周辺分野，周辺分野と非専門分野の間にそれぞれバーチャルな壁を創設する。

ここでは，かつてコレクション・ディベロップメントとして印刷媒体を対象に行っていたのと同じことを，電子媒体を対象に行うことが期待されている。選定され，収集された専門コレクションは分類され，効果的に配列されなくてはならない。無秩序なインターネットの世界から，秩序ある情報環境を創出するのである。

とはいっても，すべての必要な情報が電子化されていないところに課題が残る。また電子媒体のすべてをホームページ上で同列に扱えないという問題もある。Aという雑誌は，その雑誌社のホームページで全文公開されているかもしれないが，Bという雑誌はB′というデータベースに入って検索する必要があるかもしれない。Cという雑誌はまた別のC′というデータベースに入り，別のコマンドを使って検索する必要があるかもしれない。関係しているのはCという雑誌だけなのに，C′というデータベースに入って検索してしまうと，関係のないDやEという雑誌までひろってきてしまうかもしれない。必要な雑誌だけを揃えるといっても，物理的な施設の中でかつて実現してきたことを，そのままバーチャルな空間に簡単に移行できるものでもない。

物理的施設とホームページ上で創出する空間とをいかに一体化さ

せ，相互補完的に連携させ，利用者にとって利便性の高い情報アクセス環境を提供していくかが，今後の図書館の大きな課題となっていくだろう。

5.11 自館の専門分野における利用者の調査ニーズ（B1）

では次のカテゴリーの検討に入ろう。

B1は，図書館員にとっては専門分野であり，最も詳しいエキスパートといえる領域である一方，利用者側のニーズはまだ漠然としており，未だ調査の過程にある，言葉を替えて言えば，専門家の援助を最も必要としている領域である。ここにこそ，これからの専門図書館員の力が大いに発揮されることが期待されている。

5.11.1 調査ガイダンス・研修

いつでもどこにでも，その分野の初心者というのは存在する。図書館の役割の一つは，彼らに基礎的な調査能力を身につけさせ，早く独り立ちできるように手助けすることにある[10]。自立した利用者が増えれば，図書館員としても限られた時間を他の図書館サービスや全体の質を高めていくような仕事にあてることができる。

もし利用者が，その分野の基礎的な情報源も知らずにいるようなら，どういう場合にはどこを見ればよいのか，代表的な情報源，それぞれの使い方，その長所と短所まで，ガイド役を務めたい。

最近はCD-ROMやデータベースの検索方法・機器類の使用方法など，図書館の利用指導は範囲を広げている。必要なら，定期的に

研修会(「～の使い方講座」など)を開いたりすることも有効だろうし,また外部の情報ベンダーが主催する研修に参加させる,ベンダーに来館してもらって研修会を開く,といったことも考えられる。

情報環境が劇的に変化する中で,図書館員自身もまた新しい情報源やその使い方について継続的な学習が必要とされている。昔ながらの図書館の使い方を伝授する形ではなく,積極的に新しい動きをとり入れた研修に挑むことは,ベテラン図書館員にとってもまたとない学習の機会を与えられることとなる。人に教えるために自分も学ぶのであり,教えるという目的があるからこそ,自分も積極的,意欲的に取り組めるのである。

5.11.2 情報源の組織化

情報源ガイドを作成しておくことは,利用者ガイダンスに役立つだけでなく,何よりもそれを日常的に使っている図書館員にとって便利なツールになる。情報源は何も,いわゆる参考図書に限るものではない。新聞や雑誌の調査・特集記事などの中には,レファレンス・ツールとして有効なものも多く,いつどのような特集が掲載されるのか,一覧表にまとめておくとよい[11]。網羅性を追求した「文献リスト」的なものよりも,内容にまで踏み込み,ニーズに合わせて「役立つ情報源」をまとめられるようにしておきたい。

そしてこうした組織化のスキルを日頃から磨いておくと,これが図書館のホームページ作成などの機会に有効に働き,今後のナレッジ・センターへの発展に大いに寄与することになる。

5.2でみたように,これからの図書館の主要な役割は,混沌とし

た情報世界から、関連した情報のみを効率よく収集し、ニーズにあわせて編集し、利用者に提供することにあると思われる。ホームページは図書館員が情報のプロフェッショナルであることをアピールする絶好の場であるが、そこでいかに情報がよく整理されているか、ニーズにあわせた情報の選択、ナビゲーションが提示されているか、各情報源の使い方についての留意事項がまとめられているか、などはその図書館が日頃からいかに情報に付加価値をつけたサービスを行っているかにかかっている。

　一方、ここで専門情報がよく組織化され、そのガイダンスが適切になされていれば、これ以上に効果的なマーケティングはない。そこは、その分野を調べたいが、どうしたらよいかわからない人々の格好の拠り所となり、これこそまさに、新たな時代の情報ニーズに応える新たな情報サービス機関として、人口に膾炙することになるだろう。人々に頼りにされる、頼もしいナレッジ・センターとなれること請け合いである。

5.11.3　レファレンス・サービス

　レファレンスは、図書館の役割の中でも最も重要なサービスの一つである。先に述べた文献取得サービスや、レフェラル・サービスも含め、広義で呼ぶこともある。また比較的単純なクイック・レファレンスと、長期間にわたる調査依頼とを区別する場合もある。ここでは便宜的に、自館の専門分野における利用者の調査ニーズに応えるものとしてレファレンスを考えることにする。

　M.B. アイゼンバークとR.E. バーコウィッツは、レファレンスに

必要なスキルとして次の六つをあげている[12]。

①問題を定義し，回答に必要な情報を見極める
②情報源を確定し，その違いを考慮し，検索戦略を練る
③情報源にアクセスし，情報を収集する
④収集した情報を咀嚼する
⑤情報を統合し，提出する
⑥問題が解決されたかを評価する

本項では，以上を踏まえつつ，以下のようなフローチャートを考えてみた（図5-6）。

キーとなるのは，やはり利用者との対話，インタビューであろう。

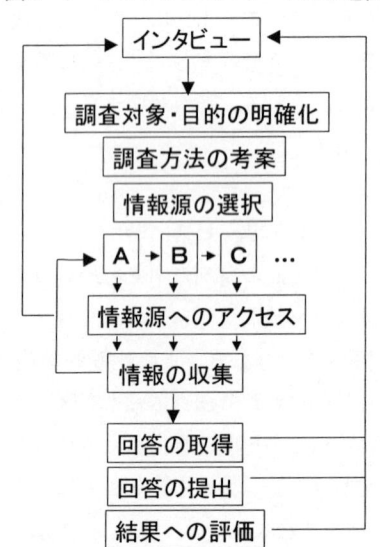

図5-6 レファレンス・サービスの過程

インタビュー
↓
調査対象・目的の明確化
調査方法の考案
情報源の選択
↓
A → B → C …
↓
情報源へのアクセス
情報の収集
↓
回答の取得
回答の提出
結果への評価

調査というものは，決して一方通行の道を1回通り過ぎただけで終わるものではない。一つの情報源ですぐに回答が見つけられる場合もあるだろうが，多くの場合は複数の情報源にあたり，第一の情報源の結果を踏まえて，第二の情報源に進む，というプロセスが繰り返されることになる。ここでは，始めに提示された質問に対する「回答」だけを見つけ出すことが至上命題なのではない。またライブラリアン一人が利用者ぬきに勝手に進められるものでもない。始めのレファレンス・インタビューで確認した「理想形」の提示が難しいと判断された場合は，利用者に一度フィードバックし，次のステップを相談したい。「その情報がこういう資料にカバーされていなかった」という報告が，質問者にとっては必要十分な解答になり得ている場合もある。また聞き直してみると，最初は遠慮して言わなかったことがあるとか，実はあやふやな情報だったとか，当初の質問自体を修正しなければならない場合も出てくる。エンドユーザーの検索プロセスに関する調査によると，オンライン検索などでも，エンドユーザーが中間結果をブラウズすることにより当初の情報ニーズが変化するという[13]。また回答（と思われるもの）を取得した際や，最後に結果を報告する際にも，それによって利用者が満足を得られたのかを確認し，必要とあればまたインタビューの補足をし，検索をやり直すこともあるだろう。

情報収集のコンサルタント的な役割を果たしながら，情報探索の軌道修正も利用者と共同で行い，調査活動の果実を産み出す一翼を担いたい。

5.11.4 レファレンス・インタビューの目的

レファレンス・インタビューにおいて利用者ニーズを正確に把握し，適切な処理をするためには，

①質問内容の吟味

②回答様式の確認

③調査の目的や背景についての知識

という三つの要素を満たすことが求められている[14]。

①は質問の主題の把握が目的である。利用者が口にするリクエストは，文献入手の項でも触れたようにある種の＜ねじれ＞を包含していることが多い。その情報はどこから聞いたのか，調べたいものは何なのか，その主題のどの側面が特に重要なのか，インタビューを通して明らかにしておく。

②では回答として提供する情報のタイプ，量，期限，コスト範囲，提供形態など，最終的に受取りたいもののイメージを共通認識として形成しておく。もっとも利用者の求めるものが，求めるような形で，求めるような期限あるいはコストの範囲内で取得できるかというのは，その分野のレファレンスをある程度経験していないと応えられない場合が多い。その場合はとりあえず，利用者の「理想形」を聞いておき，ある程度の予備的調査を進めてから，最終形態について話し合いをもつのがよいだろう。避けなければならないのは，ここの確認を怠ったまま調査を先に進めてしまう誤りを犯すことだ。利用者に手渡してから，それがほしい形態ではなかったことを知らされては，せっかく費やした時間もコストも無駄になってしまう。

③では，利用者の中には調査の目的や背景を伝えるのに抵抗感が

ある人もいるかもしれない。しかしこれを聞いておくと，調査が格段にやりやすくなるだけでなく，そのものズバリの回答がないときの次善策（こういう資料はないが，こちらで代用できるのではないか，など）を提案するのに非常に役立つ。例えばAという地域のBという事象についての調査を依頼されたとき，Aという地域の方に興味の焦点があるのか，Bという事象こそが要なのかで，資料の探し方も，それがなかった場合の調査の軌道修正のしかたも全然違ってくる。Cという用語について調べてほしいと言われたときにも，それがどこで話題になっていた言葉なのかを教えてもらうだけで，調査にかける手間を半減できる。特に見つけるのが難しいと思えるようなリクエストの場合は，事前にできる限り背景について聞いておくのが調査成功の秘訣である。調査活動が図書館員との協同作業であることを利用者に理解してもらい，できるだけ多くの情報をあらかじめ教えてもらえるようにしたい。もちろん，図書館員として利用者の調査内容の守秘義務を厳守するのは当然のことである。

5.11.5 問題意識の共有

　自分のよく知っている事柄でアドバイスをするのはともかく，わからない事柄のレファレンス・リクエストを受けることは，図書館員にとってそう気楽なものではない。しかし答のわかっている質問だけを受け付けている図書館は，言葉を替えれば，その分野の初心者だけを相手にしている図書館ともいえる。わかっていることを答えるのはレファレンスではない。わからないことを一緒に探していくことこそが，レファレンス・ライブラリアンの仕事である。バー

バラ・ロビンソンはレファレンス・サービスの役割は質問に対する回答を見つけることにあるのではなく、質問自体を取り扱う過程にあるのだと述べている[13]。またウィリアム・バーゾールは、即答できる質問ばかりやっていると、図書館員と利用者の人間的な信頼関係を築くことができないとまで言い切り、レファレンス・ライブラリアンの真の役割は、人を専門的な立場から指導する教師や医者、弁護士などの担う役割とは違い、人の抱える問題を共有し、人がそれを解決するのを脇からサポートするセラピストのようなものに近いとしている[15]。

すぐに回答を見出せないことは、恥ずかしいことではない。むしろ重要なのは、自分でもその質問に対する興味をもち、共に答を探そうと努めることだろう。利用者がなぜそれを欲しているのかを理解し、それを解決することを共通の課題とすること。一見困難そうなリクエストに対しても、すぐにないと諦めたり、他で聞いてくれと安易に回したりせず、なんとか見つけ出そうと挑む姿勢をもつこと。難題への挑戦は、自己の専門知識を磨くまたとない研修の機会でもある。そうした訓練を積んでこそ、利用者の信頼も得られ、専門職としての図書館員の認知も得られることになるだろう。

5.11.6 情報の選択・プレゼンテーション

情報洪水の現代にあっては、氾濫する情報の大半が意味をもたない。オンライン・データベースに話題のキーワードを放り込めば、たちどころにその言葉を含んだ文献が何千と呼び出されてくるが、情報量の多さは、情報の質を保証しない。手元に集まってきた情報

をただ無差別に羅列して提出しても，情報を検索したことにはなっても，情報を見つけたことにはならない。

　どれが一次情報（本源的なオリジナル情報）で，どれが二次情報（他情報の引用）なのか，どれが確実なデータで，どれが不確実なデータか，どれが意味のある文献で，どこに利用者の求める回答があるのか，吟味する目が必要である。NTT未来予測研究会では，情報を形式情報（単なる諸事実），意味情報（何らかの意味をもつ事実），価値のない情報（直接，間接にも利用主体に影響を与えない情報）に分け，意味情報の中からさらに価値のある情報を見つけ出すことが重要だと述べている[17]。また情報の編集とは，どこかにあるはずだが埋もれている情報を，要点を捉えて汲み出し，価値を与えて形にするという作業であるともいう[18]。不必要なもの，価値の低いものを捨てられなければ，必要なもの，価値の高いものも見えてこない。

　さらに情報結果を提示するにあたっては，プレゼンテーションのあり方を考えたい。美しいレイアウトにして提出しろというのではない。利用者が調査結果を理解しやすいようにまとめられるようにしたい。

　取り出した情報内容の評価をした上で，再編集して提出できれば理想だろう。質問のどの部分がどの資料によって解答を与えられており，またどの部分が未解決であるのかなど，内容の分析・吟味を簡潔にまとめ，要点をまとめられたら最高だ。

　それにしても，ここでも主題についての知識をもっているかは大きい。不得意な分野では，情報圧縮が起こりにくいことも報告され

ている[19]。自館の専門分野については、関連新聞・雑誌などに日頃から目を通し、コンテンツに対する知識を深めておくこと。特にその分野でよく使われている用語や最近の動向などについては常にアンテナを高くたてておき、把握しておくこと。日頃から自分で提出した資料に対する責任をもち、コンテンツの理解に努めること。

繰り返しになるが、いかに付加価値をつけられるかが「理解ビジネス」ではキーであり、今後のナレッジ・センターにおいても重要なサービスの柱となっていくであろうと思われる。情報のプロフェッショナルとして認知を得、新たな時代のサービスを推進していくのに、日常の訓練の積み重ね以外に王道はない。

5.11.7 レファレンス記録

レファレンス記録は、いつ誰からどういうリクエストを受けたかだけでなく、どの情報源にあたり、その結果がどうであったかまでを蓄積する。記録をつけることで、そのときのレファレンスの内容と回答方法を、自分自身の記憶に定着させることができる。後でレファレンス事例集としてまとめていくのもよいだろう。また日常の記録をグループウェアなどで電子的に蓄積するようにしていけば、スタッフ間での共有化も簡単にできる。電子媒体、非流通媒体、外部機関などさまざまな情報源を整理しまとめていく際にも、レファレンス記録が非常に役に立つ。

未解決リクエストも、質問者にとってはそこですんでしまったことでも、図書館員にとっては、困難なリクエストほどスキルを磨く絶好のツールである。書き留めて時間のゆるすときに再度挑戦して

みたり，別の機会があったときについでに調べてみたりして，自分の勉強道具として活用する。

利用者からの評価は，主に調査結果に向けられている。結果がもたらされれば，多くの利用者は満足するし，結果が得られないと利用者の満足度は低くなる。もちろん利用者の満足度は図書館サービスの非常に重要な尺度だが，一方で，それとは別に，調査に対する図書館員としての評価も下されてよい。レファレンス記録をつけると，本当にこれが一番効率のよい検索方法だったのか，これよりも信頼のおける情報ソースというのはないのか，これよりも新しい情報はなかったのか，これよりも安価な方法はなかったのか，これよりも効果的なまとめ方はなかったのか，など自然と反省も出てくる。それを共有化すれば，他のスタッフからのフィードバックも得やすい。回答を利用者に渡した時点ですべてを終わりにしてしまうのではなく，それからが，図書館員として，いまの調査を評価し今後の課題を考える機会である。

5.11.8 SDI，プッシュ・サービス

ある利用者が特定の主題について継続的に調査していることが明らかになっている場合，図書館から利用者への情報発信サービスとしてSDI（Selective Dissemination of Information）があげられる。これを必要に応じて情報をとる＜pull＞に対して，データベース側から利用者に出す＜push＞として，近年ではプッシュ・サービスと呼ぶこともある。

これは商用オンライン・サービスが発達するにつれて一般化した

ものだが，あらかじめ登録しておいた主題について定期的に自動検索し，新たなレコード（新聞・雑誌記事，会議資料など）が追加されるごとにこれらを自動送信してくるクリッピング・サービスである。かつては情報検索者の手を介して行われていたこのサービスの設定も近年は格段に簡略化され，個々の利用者が自由に自分の端末で設定・登録し，自分の電子メールで受け取れるようになるまでになってきた。これによって「雑誌関連および情報入手のコストとか時間を節約し，組織内の情報フローを活性化し，プロジェクト等の進行を促進したり，組織全体の創造性を高めたりすることが可能となる」とされる[20]。

しかし設定手順が簡略化されたからといって，どういうキーワードを使えばどういった記事が選定されるのかをあらかじめ予測することが必要な SDI は，一般的にいってかなりの経験と，そのデータベースの構造に対する知識が不可欠である。利用者が自分でできるといっても，多くの場合，関連単語を一つか二つ入力するだけで，結果として大量な文献を送りつけられ，なおかつその大半は不必要なものであるといったこともよく起こり，手間や時間を省くつもりが，まったくその逆になってしまうケースも少なくない。

できれば，個々の利用者の SDI 設定を手助けし，その後もしばらくは試行期間として，本当に関連情報が漏れなく，かつ不必要な情報は除かれて届いているのか，アシストすることが望ましいと思われる。

5.12 自館の周辺分野における利用者の調査ニーズ（B2）

利用者の問題意識を共有しどんなリクエストにもチャレンジ精神を，という前項の主張からすれば，自館の専門の周辺分野における調査依頼を受けたときも，コアの専門分野の場合と同じように積極的に対応したいところである。ただ，自館の専門性を強化するためには間口を狭めなければならない，という一般原則は，ここでも生きている。

5.12.1 アウトソーシング

この領域（B2）は，A3の非専門分野における文献調達の場合と同様，「やろうと思えばできるが，戦略的にあまり時間を割きたくない」領域としてカテゴライズできるだろう。こうした分野では積極的にアウトソーシングを考えてもよいのではないかと思われる。外部の調査サービス会社，代行検索業者などを活用すれば，図書館としては，利用者からのリクエストを引き受けながらも，自館の限られた人手や時間を必要以上にとられずにすむ。また「周辺」分野というのは，常に「専門」領域にかかわってくる可能性をもちながらも，領域としては幅広く焦点を絞りにくい。だからどういうニーズがあるのか，その動向は捉えておきたいものの，そのすべてをカバーはしきれない。外部調査機関を使えば，ニーズの動向は視野に入れながらも，自己の割く時間を最低限ですませられるだろう。その中である一定の調査依頼が増加してくれば，それは自館の専門分

野として取り込めばよいのである。

とかくアウトソースというと否定的なイメージで捉えられがちだが，これからは，もっと積極的な活用が考えれてよいと考える[21]。

5.13 自館の非専門分野における利用者の調査ニーズ（B3）

自館の専門分野外の調査相談は，自館内で処理することはできない。その分野の専門機関や専門家に直接意見を聞き，そこで情報コンサルタントを受けるようにするのが一番近道である。

5.13.1 レフェラル・サービス

米国議会図書館には1962年以来ナショナル・レフェラル・センターが設置されており，米国全域の諸組織，諸団体，人物を紹介する活動を専門に行っている。日本でも国立国会図書館には国内協力課が設置されており，国内の各種図書館をサポートする業務を担っているが，残念ながら図書館ネットワーク推進はそれぞれの館種別協議会に委ねられている。専門図書館同士のネットワークをバックアップする専門図書館協議会も，3年に一度の頻度で『専門情報機関総覧』の発行を行っているが，実質的なネットワーク形成は個々の図書館の事情や図書館員の資質・裁量に頼っているのが実情である。

どこにどういった専門図書館があり，そこではどういった資料が揃っているのか，どういうサービスを受けられるのか，などを普段から整理しておきたい。また非公開の多い専門図書館においては，

インフォーマルなネットワークがことさら重要である。年次大会や研修への参加などを通じて，積極的にネットワークの形成に取り組む意気込みが必要である。初めて調査依頼を行う機関に対しては，極力自分で問い合わせを行い，その専門機関の性格や，その分野の資料・検索法を学ぶ機会に利用する。ユーザーに紹介し，直接連絡をとってもらうようにする場合も，結果に対するフィードバックを得ることを忘れずにしたい。専門図書館の多くは特に大きなアナウンスを行うことなくサービスを変化させていることがあり，利用者が本当に目的の資料を見つけられたかを確認することが一つだが，自分のファイルの更新も行っておきたいからである。

それにしても，フォーマルなネットワークの育成は今後の図書館サービスにとって急務である。冒頭でも述べたように，各図書館の専門化とネットワークは情報サービス戦略における表裏であり，どちらが欠けていても，すぐれた情報サービスの発展は望めない。館種を越え，また「図書館」という枠組みさえ越え，情報サービス分野における幅広いネットワークの形成を心から望みたい。

5.13.2 ネットワーク活用時のマナー

サービス提供の対価として料金を支払う業者の場合はともかく，図書館相互の協力関係は，大抵の場合，無償で行われる。電子メールなどが発達してくると，非常に気楽に，大きな調査リクエストを送付したりする人を散見するが，他館に問い合わせる前に，自分で最低限のチェックをしておくのはマナーである。そして問い合わせの際には，自分が何者で何を調べていて，どういう軌跡を辿った上

でここに問い合わせてきているのか，できる限りの情報を提供する。自分でリクエストを受ける場合に照らしてみればわかることだが，「○○を見たが載っていなかった」「すでに××には問い合わせてみたがわからなかった」といった情報でも，あるのとないのとでは大いに違う。

ネットワークは互恵が原則といいながらも，小さな図書館ではどうしても他館に頼ることが多い[22]。それでも自館で処理できる部分は努力した上で，その道の専門家の力を借りるということと，相手に丸投げし，手放しで寄りかかってしまうこととの間には，大きな隔たりがある。礼を欠いた依頼では，よい協力を得ることはできない。ましてや相互の信頼関係を築いていくことは難しいだろう。

5.14 自館の専門分野における利用者の知的刺激ニーズ（C1）

では最後に3番目のタイプ，利用者の漠然とした知的ニーズに図書館はどう応えていくかを考えよう。ある程度具体化しているニーズには，どう対応していくか処置も考えやすい。だが漠然としたニーズを把握し，それに対応していくことは至難の技である。しかし，だからといってこれを図書館の情報サービスから省いてしまっては，図書館は人間の情報ニーズの全体と向き合っていることにはならない。ニーズの全容を視野に入れ，その全体に応えようとするサービスを行うことで，サービス内における個々の要素も互いに相乗効果を産み出し，より生きてくるのである。

5.14.1 情報発信

掲示板・ニュースレター，広報誌，新着案内，雑誌など，情報発信にはさまざまな方法がある。『白書・日本の専門図書館　1992』によれば，企業体，学術文化団体の40％が情報発信サービスを実施しておらず，その理由として，28.6％が「利用者からの要望もなく，必要がない」からと答えている[23]。しかしこれは，要望がないのではなく，潜在的なニーズに気づいていない，あるいは利用者が言葉にした要求以外には関心を向けていないだけの話かもしれない。図書館はサービス業である。顧客（利用者）の広汎な欲求をうまくキャッチして提供していくだけの才覚をもたなければ，いつか利用者に見捨てられ，取り残されていくだけだろう。

配布，回覧，電子掲示板など図書館側が利用者に伝えるチャネルも多様化してきている。また近年では図書館ホームページを開設し，そこをもっぱら図書館からの情報発信に使っている例も多い。どういった形で発信するのが効果的なのか，時期や媒体，形態も含め，戦略を練りたい[24]。

できれば図書館としてのアイデンティティをもち，統一化されたイメージを打ち出すこと。サービスのすべてに同じロゴをつけるなど小さなことでも効果はある。図書館も主張する時代である。自己表現する力をつけよう。

5.14.2　カレント・アウェアネス

これはSDI（5.11.8）と混同して使われる場合もあるが，ここでは，SDIが個々の利用者の比較的対象のはっきりした調査目的に使

われるのに対して,カレント・アウェアネスは図書館の側がその専門性とからめて,利用者一般のニーズを独自に汲み取り,自ら情報発信するものを指して使っている。

新着リストの配布もこれにあたるだろうが,雑誌目次を複写して回覧したり(コンテンツ・サービス),特定のテーマを追って新聞の切り抜きをファイルしたり,文献資料の記事索引や抄録を作成したりと,バリエーションはさまざまである。もちろんホームページなどで電子的に発信すれば,特定利用者のニーズにとどまらず,幅広い外部利用者に対する図書館サービスの宣伝にもなりうる。

企業内図書館などでは,図書館側から発信されている記事のうちで,どういったものに興味が集まるかのモニター機能を組み入れているところもある[23]。こうした機能をもつことができれば,ユーザーのニーズ動向を把握することができるだけでなく,スタッフの情報感度も高められる。ニーズをつかんでコレクション・ディベロップメントや館内の展示に生かしたり,さらに先読みができてくれば,情報発信の効果も倍増するだろう。

カレント・アウェアネス・サービスは,開始当初はそれなりに意味をもっていても,次第に単なる「習慣」と化してしまう場合も多くみられる。利用者のニーズと齟齬をきたしていないか,変化する情報環境にきちんとマッチしているか,常に確認しながら取り組んでいきたい。

5.14.3 ブラウジング

伝統的図書館の重要なサービスの柱の中で,電子的環境ではまだ

なかなか達成でき得ていないのが，このブラウジング・サービスである。新着図書，雑誌の最新号のディスプレイ，最近のニュースや注目記事の掲示など。あるいは書棚の背表紙を眺めるためだけでも，人々は何かヒントを得ようとして図書館に集まってくる。この機能を軽視してはならないだろう。

たまには何かテーマをたてて，仮設の展示をしてみたらどうだろうか。雑誌・書籍といった形態を飛び越え，ある「テーマ」で資料を収集し，配架・展示してみれば，普段とはまた違う切り口をみせてやることができるだろう。

また居心地のよい空間を演出することで，図書館にサロンとしての役割を担わせることもできる[26]。ただしここでも，その専門図書館が規定しているコアの役割と連携していることが肝要である。むやみに複数の互いに連携しないサービスを同時に追求することは，コアの役割を薄め，図書館サービスの焦点をぼやかしてしまうことになりかねない。あくまで利用者ニーズを念頭におき，自館の専門性との関連性の中で施設の充実も図りたい。

5.15 自館の周辺分野における利用者の知的刺激ニーズ（Ｃ２）と自館の非専門分野における利用者の知的刺激ニーズ（Ｃ３）

これまでの本章の流れからいって，これらの領域は当然，サービス対象から外すよう主張されることが予想されるだろう。その通りである。

ただ，一言付け加えるとするならば，どんな仕事にも５％の遊び

心をもっていたい，という点である。これまでの論調と矛盾するようだが，すべてを効率化した業務はどこか息苦しい。無駄をすべて取り除いたビジネスは人を疲弊させる。まったく自館の専門とは関係のない本を並べることも，お遊びのサイトにリンクをはることも，絵やその他の展示品も，5％の範囲内でできれば，それはあった方がよい。建造物でも，かっちりとすべての部品を寸分の狂いなく組み立てるより，いくらかの「遊び」部分を含ませていた方が，外部からの刺激に柔軟に対応でき，すぐれた耐久性をもてるという。図書館でも同じである。

まして図書館には，論理では片づけられない「雰囲気の冥利」というものがある。それが人を心地よくさせ，人に知的刺激を与え，人をして図書館を愛させてきたのである。そのよさを過去の遺物として葬り去ることは，経済性のみを追求してきた「日本株式会社」の過ちをここでまた繰り返すことと同じだろう。5％の遊びを常にどこかに潜ませることを，むしろ戦略的に積極的に考えたい。

5.16　情報サービスの今後

現在私たちは，人類の歴史上においてグーテンベルクの印刷技術の発明以来といってよい，情報流通の劇的な大変動期に直面している。印刷物の普及とともに発展してきた図書館学が，今さまざまな側面で見直しを迫られているのは，ある意味で当然のこととともいえる。

激動期に必要なのは規則に順応することではなく，これまでの規則を疑い，新たな規則を創造していくことである。時代は新しいか

たちのサービスとルールを求めている。その意味では，ここに書いたことのすべても，またすぐに塗り替えられ，次の理論に取って代わられる一過性のものでしかない。

　新たな時代に図書館がまた新たな役割を担い，人々の情報活動における新たな環境を提供していくために，活発な議論がかわされることを切に望みたい。

引用文献

1) リチャード・ワーマン『情報選択の時代』日本実業出版社，1990, p. 48
2) ワーマン，前掲書，p.55
3) 松岡正剛『知の編集工学』朝日新聞社，1996, p.49
4) これをナレッジ・マネジメントという言葉で語ることもある。参考：豊田恭子「ナレッジマネジメント－私たちは何処へ向かうのか」『専門図書館』No.176, p.6-11, 1999
5) 大野剛義『「所有」から「利用」へ』日本経済新聞社，1999, p.6
6) 大野剛義，前掲書，p.97
7) 例えばウィリアム・F. バーゾール『電子図書館の神話』勁草書房，1996, p.88
8) マイケル・E. ポーター「戦略の本質」『DIAMOND ハーバードビジネス』No.124, p.19, 1997.3
9) 前園主計ほか『図書館資料論』(現代図書館講座　2) 東京書籍，1983, p.143
10) バーゾール，前掲書，p.106
11) 山田奨「情報収集の戦略的アプローチ」『情報の科学と技術』40(4), p.244, 1990.4
12) Michael B. Eisenberg, Robert E. Berkowitz, *Information Problem-Solving: The big six skills approach to library & information skills in-*

struction. Abrex Publishing, 1990
13) 三輪真紀子「米国における商用オンライン・サービスの動向」『情報の科学と技術』45(11), p.545, 1995
14) 『図書館情報学ハンドブック』丸善, 1988, p.762
15) Barbara M. Robinson, "Reference Triage: The Fine Art of Question Handling" (SLA 1995 Annual Conference)
16) バーゾール, 前掲書, p.107
17) NTT 未来予測研究会『2005年の社会と情報通信』NTT 出版, 1991
18) 金子郁容「情報をいかに編集するか」『ESP』1994.10, p.46
19) 松岡正剛, 前掲書, p.50
20) 丸山昭二郎『情報と図書館』丸善, 1994, p.128
21) Frank Portugal, *Exploring Outsourcing: Case Studies of Corporate Libraries*, Special Libraries Association, 1997 には, アウトソースを活用した企業図書館の事例が数多く掲載されている。
22) 専門図書館協議会『白書・日本の専門図書館 1992』丸善, 1992, p.102
23) 前掲書, p.91
24) 近藤一志「図書館の PR (情報発信)」『専門図書館』No.155, p.36, 1995
25) 例えば東芝情報センターでの BBS 機能が挙げられる。
26) 戸田光明『情報サロンとしての図書館』勁草書房, 1993 では, 利用者と資料を結びつけるだけでなく, 人と人とが集う場所としての図書館の役割が紹介されている。

第6章 ネットワーク

6.1 ネットワークとは

　一般的に，例えば「ある単位と単位をつなぐ網の目」[1]と事典類で定義されるネットワークという言葉は，長い間物体の形状を表わす概念として用いられてきたが，近年「単位」「網の目」をさまざまなキーワードに置き換える，あるいは他の言葉と複合することによって有形無形の多様な概念を含ませられる使い勝手のよい用語となっている[2]。

　そして，現在では「単位」と「網の目」を「情報あるいは知識」「人あるいは組織」「コンピュータ」「通信（技術）」といったキーワードに置き換え，今の社会状態をよい方向に表現する用語として，あらゆる活字情報源で頻繁に使われている。

　これら「情報[知識]」「人[組織]」「コンピュータ」「通信（技術）」は，現在あるいは今後社会の一員としての図書館が担う機能とサービスを考える場合にも非常に重要なキーワードであることは，ライブラリアンなら誰しも意識しているところであろう。

　よって本章においても，「情報[知識]」「人[組織]」「コンピュータ」「通信（技術）」をキーワードに専門図書館におけるネットワークの必要性を検討していくこととする。

6.2 ネットワークの必要要件

6.2.1 専門図書館の存在特性

専門図書館とはどのような図書館をいうのかについては、『白書・日本の専門図書館』[3]等で詳しく解説されている上、第1章でも言及されているので繰り返すことは避けるが、論を進める便宜上、例えば「組織の目標を追求する上で、そのメンバーやスタッフの情報要求を満たすため、営利企業、私法人、協会、政府機関あるいはその他の特殊利益集団もしくは機関が設立し維持し運営する図書館。コレクションとサービスの範囲は上部もしくは親機関の関心のある主題に限定される」[4]と定義しておく。また、その運営形態は、第2章で触れられているように、スタッフ、スペース、予算を含め概ね小規模である。

このような専門図書館の存在特性はどこに見出されるのであろうか。それは、上記の定義の中でも述べられているように、母体組織の維持・目標追求のため、求めに応じ各種資源を蓄積・保存あるいは用意し提供するという機能面に見出される。組織というものは、その存在を維持・発展させていくために、社会情勢や産業構造に関するニュース、あるいは過去の活動や創造の記録等、組織内外の有形無形資源を必要とする。必要資源は組織内の部門あるいは人によって異なるとともに刻々と変化していく。結果、組織内で保有・蓄積される資源量は、適切な管理を行わなければ有効活用が難しい状態となり、何らかの対策が講じられることとなった。その管理を担う部門として誕生したのが専門図書館なのである[5]。

現在の専門図書館は，誕生当初の単に各種資源を管理する部門から，資源を生み出し発信する部門へと進化していかなければならない状況となっているが，その理由については後の節で検討していくこととする。

6.2.2 環境の変化

現在までで，資源を取り巻く環境の中で最も画期的変化は，20世紀後半に始まった生産・処理道具としてのコンピュータ利用と，流通が各種手段を統合したマルチメディアという方向をもって社会基盤的に整備されてきたことだろう。

確かに，それまでの対話・文字の発生に始まり，印刷技術の発明による新聞・書籍・雑誌の刊行，電気・通信技術の応用による電話，ラジオやテレビの開発，さらにCATV，ファクシミリ，携帯電話，パソコン通信といったニューメディアの登場と続く手段の多様化[6]は，その時点でそれぞれ生産・処理・流通に大きなインパクトをもたらしはしたが，手段をもつ者は物理的・空間的・時間的にある程度特定され，発信範囲も限定されるという制約があったことも事実である。一方，受信者側でも対話・電話に代表される1対1のヒューマン・コミュニケーションによる受信では量的限度があり，書物，ラジオ，テレビによる1対多，または一方通行的に流通される資源に対しては，自らの欲求を満足させるための双方向性・応答性が保証されないという質（内容）的限界があったのである。

このような中で図書館は，主として資源を利用したいと考える者の欲求不満を解消させる場として機能してきたといえる。つまり，

個人では限度のある受信・収集の量的制約を解消するとともに，同一分野の資源を一定の規則により整理・蓄積・提供することによって，質（内容）的不満を軽減させてきたのである。それは各種図書館共通の機能であり，専門図書館にあてはめた場合，母体組織外資源（主に記録資源）へのアクセス場所と，母体組織内発生資源ならびに収集された母体組織外資源の蓄積・保存的役割を担ったということであった。

ところが，数値計算用として使われてきた「コンピュータの製造技術が進み，価格低下と処理能力の向上の結果，あらゆる分野で人間の頭脳を補塡する道具として利用され」[7]（それは文字だけでなく画像・音声の生産も可能となった），加えて通信技術・各種メディアとの融合により生産・処理・発信が個人の手元で容易に行えるようになってくると，新たな資源生産・流通の領域が生まれてきた。そこでの活動は，生産物すべてを規則的な無形信号（ディジタル）に変換して行われるが，この段階での生産物はまだ意味をもたない。流通ルートに乗り多くの人々に届けられ，受け取った人が社会活動を行っていく，あるいは個人的欲求を満たす上で価値があると判断された場合初めて意味をもつのである。これが意味のある無形の資源「情報」である。そして「情報」を生み出す重要な役割を担う流通ルートが「ネットワーク」なのである。「情報」を受け取った人は，それにより新たな生産・発信活動を行い，「ネットワーク」を通じて別の受け手により新たな「情報」が生まれていくのである。

さらにいうならば，わが国の社会システムは，国際的な冷戦構造

の終焉による国際社会・経済のグローバル化と，国内的なバブル崩壊後の社会・経済的長期停滞に対応すべく，構造改革を迫られている。その中で，過剰設備の縮小や余剰雇用の整理に呻吟する組織（企業）においては，早急な経営改善（省力化・合理化と企業の場合プラス競争力強化）の必要性を強く感じている中で，「情報」あるいは「情報化技術」「情報ネットワーク」が有効な手段となりうると考えられている。それは，異質な資源をディジタルに統合し，共有することが可能であり，また流通がより速く広範囲に行われる側面に注目されてのことであろう。良くも悪しくも組織の一部門として，目標追求・意思決定活動を支援する専門図書館においても，何らかの対応策を講じることが避けて通れなくなっていることは確実である。

6.2.3 収集資源範囲の拡大

長い間，図書館は何らかの媒体に記録された複製物資源を中心に管理（収集・蓄積・保存・組織化・提供）活動を行ってきた。その範囲は紙に記録されたものから，フィルム，レコード，磁気ディスク，磁気テープ，光ディスクと資源媒体の多様化に対応して広がりをみせてきた。『図書館情報学ハンドブック　第2版』によれば，図書館の扱う資源の種類全体を反映しているのは目録規則で，『日本目録規則　1987年版改訂版』（日本図書館協会，1994）の例を引いて，博物資料（博物館所蔵品目録作成のためのもの）を除く，図書，書写資料，地図資料（地図，ダイアグラム，模型等），楽譜，録音資料（録音カセット等），映像資料（映画カセット，スライド，ビ

デオディスク，フィルムストリップ等），静止画像資料（絵画，写真，設計図等），コンピュータファイル（紙テープ，ICカード，磁気テープ，フレキシブルディスク，カセットテープ，ビデオディスク，カートリッジ型ハードディスク，CD-ROM，光磁気ディスク等），点字資料，マイクロ資料（マイクロフィルム，マイクロフィッシュ等），逐次刊行物が含まれると紹介している[8]。

さらに，前項で述べたようにコンピュータ処理技術と通信技術の著しい向上が生産・流通活動にも波及すると，波は電子化（ディジタル化）とネットワーク化の方向へ向かい，「情報」と「ネットワーク」が融合した資源媒体「ネットワーク情報資源」が生まれてきた。「ネットワーク情報資源」は，次のような特徴をもつ。

＜媒体としての特徴＞

①多様な表現様式を一元的に記録・伝達できる

　文字，静止画像，動画，音声，コンピュータ・プログラム，データベースなどは，いずれもディジタル・データで表現され，統合的に処理される

②記録した内容の加工を柔軟に行うことができる

③伝達の制御を柔軟に行うことができる

④伝達に関して距離が無意味化している

⑤蓄積系メディアと通信系メディアの境界が消失している

⑥マスメディアとパーソナルメディアの境界が消失している

⑦多様なサービスが統一的な環境で利用できる

＜内容の特徴＞

①メッセージが分解・断片化している

②メッセージが互いに連結・癒着している
③存在が流動的で，同一性も安定していない
④私的な内容と公的な内容の境界が消失している
⑤供給源が匿名化して，本源的な出所が識別しづらい
⑥無用無益な内容，信頼性の低い内容の割合が高い
⑦オリジナルと加工されたものの境界が消失している[9]

「ネットワーク情報資源」は，モノを媒体としない点で明らかにこれまで図書館が扱ってきた資源と異なる。情報内容が単独で完結することなく自由に分離・融合され，新たな情報が生み出されるという柔軟性をもつことから，生産・発信される資源は，量的な飛躍的増大とともに多様化・多層化した。さらに流通の高速化は目を見張るものがあり，図書館の管理活動も新たな対応を迫られる結果となったのである。

6.2.4 利用者ニーズの変化

一般的にわれわれが図書館を利用しようとするのは，生活・組織・社会活動を行う上で何らかの欲求・目的（伝達可能な表現として顕在化しているか，頭の中で漠然と潜在しているかは別として）を満たす必要性を意識したときである。利用者は，使いやすいように一定の規則で管理された図書館のコレクション，ライブラリアンが提供する付加価値サービス（相手に伝達可能なほど表現形式になっていない欲求・目的をもって訪れる利用者に対しては，参考になりそうなコレクションを揃え筋道をつけるヒントを提示したり，自館のコレクションでは欲求不満を感じた利用者に対しては，外部

の専門機関・専門家を紹介する等の支援サービス）を期待して図書館を訪れる。これは先人ライブラリアンの努力の結果，図書館が社会・組織の中で果たしうるとして認められた役割・機能であり，今後も守るべき重要な一面である。そのために図書館は，常にコレクションの充実とサービスの向上を図っていかなければならないのである。

　一方，コンピュータ処理技術と通信技術の向上により，利用者個人が情報資源へ直接アクセスする道が開かれ，日々容易になる方向で様変わりを続けている。その結果，図書館に足を運ぶことなく手元には雑多な情報が集まるようにはなった。しかし，その中から自分にとって本当に必要で意味や価値があり信頼性のある情報を素早く的確に見つけ出す方法，あるいは効果的管理手法について精通している個人は，まだそれほど多くないと思われる。今後は，図書館の長く蓄積されてきた管理ノウハウに着目され，情報ナビゲーターとしての役割・機能を求められるのは確実である。

　組織の維持・目標追求活動のための資源管理部門と位置づけられる専門図書館の場合，利用は課題解決（意思決定），業務遂行，特定分野における調査・研究に限定されるといってもよい。しかし，利用者（主に組織の構成員）のニーズは，組織を取り巻く環境の変化（特に社会のグローバル化の中での競争力強化とそのための情報発・受信のスピードアップ）に対応する形で，きわめて多面化・多様化・細分化してきているとともに刻々と変化している。その上，利用者は個々またはその時々の欲求・目的を満たすと思われる信頼性のある最新の資源すべてがいつでも使える状態でコレクションさ

れていることを望み[10]，プラスアルファの情報入手にも期待しているのである。

6.2.5 利用者ニーズへの対応

今後，各種資源媒体の形態や流通方法がどのように変化しても，図書館が収集・蓄積・保存・組織化・提供を通じ，常に必要な資源を利用したいと考える者にとって有効な拠点であり続けるためには[11]，多種・多様化する資源媒体の管理活動の継続は当然のこととして，利用者ニーズへの迅速な対応へより力を注がなければならないと思われる。

これまでも図書館は，地域あるいは館種等を単位とした管理活動（加盟館総合目録の作成，資料の共同購入・分担保存等）とサービス活動（相互貸借，文献複写等）の相互協力体制を形成することによって，自館の限りある資産（ヒト・金を含む）と増加の一途を辿る情報資源媒体，多面化する利用者ニーズのアンバランスに対応してきた[12]。しかしそれは，利用者ニーズへの対応という面から見れば，向こうからやって来るものに対して行動を起こす待機型・受動的な体制の感は否めなかった。

さらに，各種資源を利用したいと考える者が情報資源へ直接アクセスできる環境が急速に整いつつある専門図書館の場合，図書館利用者は自ら得たものプラスアルファ，到達し得なかった一次情報資源の迅速な入手等を強く要求してくる一方，図書館側では利用者ニーズがつかみにくくなり，より待機型・受動的体制に傾くことによって利用者の信頼を失い，図書館部門廃止の致命傷ともなりかね

ない危険性が出てくる。

そのような危惧を払拭し図書館が進化するためには，行動型・能動的利用者サービスの展開により，利用者の信頼を確固たるものにすることが第一である。そのために次のような行動が考えられる。

①利用者とのコミュニケーションを密にし，見えにくくなりつつある利用者ニーズの把握に努める

②利用者ニーズの内容を理解するために，常に組織の追求目標を把握しておく

③利用者ニーズへの的確な対応を可能とする効果的・効率的資源媒体収集・管理・提供システムと体制づくり

・組織内外で未曾有の量と速度をもって流通し始めた「ネットワーク情報資源」を調査・取捨選択し，有効と思われるものへのアクセスを保証すること，必要に応じ蓄積の拡大を図ること

・従来から蓄積している資源に対し，提供・アクセスの迅速性，加工処理の容易さを考慮し，ネットワークでの提供を考え，そのための加工，新たな組織化を図ること

さらにいうならば，図書館が人の知識（＝ヒューマン・インターフェース）に近づく形で情報を加工し提供することによって，個々人の能力を拡張する，あるいはその発達を助ける，また人と人とのコミュニケーションを円滑に豊かなものにするサポート機能を有するようになれば，組織・社会の中で情報拠点として確固たる地位を築くことができるのではないだろうか。

6.3 ネットワーク形成への道

6.3.1 図書館のコンピュータ化

長い間受け継がれ蓄積されてきたものに変更を加えようとするのは，勇気と決断のいることではあるが，一部の特殊な財を除いて，複雑で変化の激しい現代社会の一員として生き残ろうとした場合に何らかの手立てを打つことは避けて通れない道である。

図書館においても，多種・多様化しながらも大容量化を続ける対象資源の管理（収集・蓄積・保存・組織化・提供）活動への対応策として，長く工夫を加えられ蓄積されてきた独特の温かみをもつ手書きの目録カードや貸出カードに代えてコンピュータを導入しなければならなかった。そのため，「従来，図書館におけるコンピュータの利用と言えば，図書の受発注→目録作業→蔵書検索という一連の業務の流れを効率化するための図書館システムしかなかった」[13]のである。

確かにライブラリー・オートメーションと呼ばれる図書館の機械化により，業務の効率化・合理化・省力化を目指した結果の副産物として，機械可読目録（MARC）の作成・頒布，コピー・カタロギングの利用，書誌ユーティリティへの参画，OPAC構築による管理活動のシステム化の道が開かれたのは事実だとしても，最初から利用者ニーズに基づくサービスの充実を視野に入れていたかどうかは疑問である。

幸いにもコンピュータ処理・通信等における技術革新は日進月歩であり，ハードウェアの低価格化を合わせて考えれば，システム化

を推し進める環境は整いつつある。特に団体・企業等の組織を設置母体にもつ専門図書館の場合,設置母体が組織維持・目標追求,あるいは競争力強化の手段として情報化武装による経営改善を目指している現在は,システム化推進の絶好の機会である。この機会をとらえ,組織内で生き残り情報蓄積・提供拠点としての地位を得るためには,データ処理などの技術的・管理的側面もさることながら,利用者ニーズに基づくサービスを意識的に取り込んだ情報伝達面を重視するトータルシステムへの拡大を図ることが重要であり,さらに図書館のみの閉じられたスタンドアロンのシステムから,組織内外の情報資源へアクセス可能なネットワークシステムへと展開していかなければならないのである。また,そのシステムはこれまでの既存パッケージソフト等の単なる転用ではなく,図書館員が初期段階から構築に参加することにより,利用者の使い勝手をも意識したものにしていかなければならない。

6.3.2 図書館協力

図書館協力の最大の目的は,共通の分類基準・目録基準の設定等をはじめとする業務の標準化による図書館資源管理活動の効率化と,単独館の限界枠を越えた資源の分担収集・共同保存・総合目録の作成を通じての共有化(相互利用)による利用者サービスの拡大である。要は利用者にとって使いやすく,満足の得られる図書館を目指す努力として古代から試み続けられているものであり,これまでは地域・館種・専門主題を同じくする図書館間での協力が多かったようである[14)]。

図書館対象資源の広がりと大容量化，利用者ニーズの多様化に対して，国立図書館をはじめどのような図書館であれ，人員・予算・スペースの制限，資源流通ルートの多層化により単独館での全流通資源の収集が不可能であることはもはや誰もが認めることである。今後も図書館が機能し続けるためには，図書館協力体制強化による資源相互利用の一層の展開が必須課題であろう。

　図書館協力においては，「各館に個別の組織目標を超えたレベルで，参加組織間に共通の活動目標が設定され，参加館相互の調整による意思決定と運営が行われなければならない。そのためには……各参加館の親組織の理解が必要である」[15] ため，国立国会図書館を頂点に都道府県立・市町村立とピラミッド型を形成する公共図書館，運営目的・サービス対象を同じくする大学図書館は比較的協力体制が整っている一方，さまざまな組織を設置母体とするがゆえに運営形態・サービス対象に個々の顔をもつ専門図書館においては，体制的な協力の必要性を強く認識しつつも，依然人的つながりに頼っているのが現状のように思われる[16]。

　設置母体の厳しい経営環境の中，経営方針に応じた得意分野の資源収集さえ危ぶまれる今後を見据えた場合，専門図書館相互の協力形成・維持のための方針策定，管理・運営のあり方の明確化による協力体制・システム化の本格的構築を早急に行わなければならないのではないだろうか。

　一方，専門図書館以外の図書館との関係においては，自館にとって効果的な既存の地域・専門分野的図書館協力に参加するなど，さまざまな図書館協力をいかにうまく活用できるかが利用者サービス

充実の鍵の一つである。それを可能とするためには，先方から協力を呼びかけてくるような量より質で勝負できるコレクションの充実に日々努力を怠らないことと，協力を希望する機関等への積極的働きかけ・PR活動が必要となるだろう。

さらに，図書館のみでなく情報サービス産業機関・組織との協力体制構築の必要性も忘れてはならない重要な課題である。

6.3.3 図書館ネットワーク

ここでいう図書館ネットワークとは，「多くの図書館同士が連携して所蔵資料を融通する」[17] 現物貸借中心の図書館協力体制と同義ではなく，通常コンピュータや通信等の技術的基盤の上に成立する図書館協力のネットワークシステム化形態を意味する[18]。

そのネットワークは，情報資源を利用したいと考える者が図書館へ来館することなく直接手元の端末機器から利用可能なもので，提供（流通）されるのはディジタル化された情報資源となるため，ネットワーク参加館は所蔵資源のディジタル化，利用の便に配慮したデータベースの構築を行う必要がある。そして，最終的には単独館の所蔵資源・データベースの限界を越え，利用者がそのネットワークを利用することにより，時間・場所・地域を意識せずに情報資源へアクセスできる環境の拡大を目指し，OPAC等の総合目録データベースあるいは各データベース間相互リンクを手がかりに標準化されたディジタル情報資源を提供する，トータル・ネットワークシステムの構築へ進化させていかなければならないと考える。

しかし，これを構築するのはなまやさしいことではない。単に

ディジタル化した図書館資料のネットワークを通じた提供に限った技術的なことであれば，日進月歩で向上するコンピュータ処理技術と高度化する通信技術により近い将来実現可能であろうが，以下に大別するいくつかの解決すべき問題があるからである[19]。

まず最初は，図書館が社会構成員として認められている既存の守備範囲，役割・機能とどう折り合いをつけるかである。このネットワーク上で図書館が提供する情報資源は，単に所蔵資料をディジタル化したものであってはならない。なぜならば，従来から図書館が所蔵している資料の発行元である出版社・学協会等のネットワーク構築により，オリジナルが提供されるようになると，これまで時間性・地域性等を考慮して図書館に認められてきた複製物提供（貸出・文献複写）サービスの否定が予想され，当然のごとく現行著作権法に抵触することにもなるからである。また，独自に加工を加えネットワーク上に提供したとしても，出版社・学協会等のネットワークと競合することとなり，図書館無料の原則も崩れる恐れがある。このため，図書館周辺組織との綿密な調整を行う必要があるだろう。

次に，図書館で提供可能な情報資源の重複・競合をいかに調整するかという問題がある。資料のディジタル化，ネットワークへの提供等の作業分担をどうするのか，あるいは全般的管理を含め新たに組織を作って対応するのか。設置母体が異なり，サービス対象に制限を設けることの多い専門図書館の場合，特に難しい問題である。

3番目は，たとえ図書館ネットワークを構築できたとしても，それだけでは情報資源を利用したいと考える者の要求を完全に満たすことはできないということである。例えば官公庁・学協会を主な発

信源とするグレー・ペーパーの問題がある。ネットワーク参加館のどこにも所蔵されておらず，また照会できる機関の情報すらもっていない場合，お手上げとなってしまうのである。

この他にもクリアしなければならない問題は多いと思われるが，ただ手をこまねいているだけではなく，何らかのアクションを起こさなければならない。特に，コレクションに量的制約のある専門図書館には，早急に組織されたネットワークが必要である。

また，図書館ネットワークを含め時間・場所・地域を意識することなくオリジナル情報資源の入手が可能となるさまざまなネットワークの構築により，利用者から図書館の姿は見えにくくなるかもしれない。しかし，図書館の役割・機能は決してなくなることはない。利用者はそれぞれのネットワークに個別にアクセスするのではなく，一つのネットワークにアクセスすれば関係ネットワークすべてが利用可能となることを望むだろう。そのため，各ネットワークは相互に接続されなければならないが，たとえ図書館ネットワークで入手不可能な場合でも，どこにアクセスすれば入手可能かという「手立て」を提供するナビゲート機能，ネットワーク上の情報資源を一定の規則により組織化・標準化するための分類・書誌記述・キーワード付与の役割は，これまでの各種資源整理技術，商用データベース検索技術，各種レファレンス対応の経験やノウハウを活かし，やはり図書館が担わなければならなくなるはずである。

このように，知的生産物にネットワークを通じた情報資源が加わったとしても，図書館の社会的役割・機能は少しも減退することはないと考える。

6.3.4 組織内ネットワーク

前項では,自館で所蔵していない,またはその設置母体組織外で提供される情報資源（＝組織外情報資源）へのアクセス保証手段としてのネットワーク形成の必要性・問題点,図書館の担うべき役割・機能について述べた。

そこで本項では,今後図書館の役割として重要度を増していくと思われる設置母体組織内で発生・集積する情報資源（＝組織内情報資源）の管理機能,提供手段としての組織内ネットワーク形成について考えることにする。

先に6.2.1で述べたように,組織内各種資源を管理する部門の必要性として図書館が生まれたことからもわかるように,現在何らかの活動を行っている組織内の各部門・個人の下には,これまでの活動・成果の記録,今後永続的に活動を行っていくための有形無形の資源がさまざまな形式・形態で発生・集積されている(はずである)。

組織を取り巻く社会環境の変化がスピードを増しグローバル化する中で,組織が特化して永続的に活動を行っていくためには,それらを効率よく組織内で共有し,有効活用できるかが鍵となっており,そのためのキーワードとして情報化という言葉がさかんに使われている。

ここでの情報化とは,個人が作成・集積したものであっても組織の共有財産であるという意識の欠如,また共有財産として提供するための共通ルール（例えば,利用のために必要となる分類・キーワード・インデックスの付与は誰が行うのか,提供者が行うにしてもどの基準で行うのか）等が不明確なため,組織全体に有効な資源

が部門・個人の下に埋もれていたり，資源の存在を知らせる手段不足，利用ツールが未整備，あるいは紙ベース資源のため加工がままならないなどの理由で，同一資源を多部署で作成・集積・保有するといった弊害・非効率性を取り除くため，組織内各種資源のディジタル化，分類・キーワード・インデックスの付与を通じての標準化と，利用ツールとしてのネットワーク形成を含んだものと理解しなければならない。

このような状況下で図書館の存在価値，果たしうる機能をどこに見出すかと考えれば，資源管理部門としての位置づけを変えることなく，長年培ってきた整理技術（分類・キーワード・インデックスの付与手法等）を応用した組織内既存情報資源へのナビゲーターとしての役割（それは，組織外情報資源へのアクセス保証拠点の役割と同様である），さらに加えて組織内各種資源をマネジメントするファシリテイターとしての役割（高山正也[20]，小林麻実[21]らが指摘するように，今後身につけていかなければならない組織内に埋もれている各種資源を分析し，利用に供するよう加工する技術等）ということになるのではないだろうか。さらにもう一つ，情報資源利用手段としてのネットワーク形成の核となることである。ここでも，組織外情報資源へのアクセス保証手段としてのネットワーク構築・利用の場合と同様に，図書館の技術，経験，ノウハウが大いに役立つに違いないと考える。

厳しい組織運営環境の中にあって，組織の成果活動に直接つながらない間接部門に位置づけられ，削減・アウトソーシングの対象となりやすい図書館の存在を，組織の永続活動を行う上での必要不可

欠なものと認識させるためには，あらゆる組織内情報資源が図書館に集まり，ネットワークを通じて組織内に提供されるようなシステムと，新しい各種資源を分析・加工するマネジメント・サービス体制を構築していかなければならないだろう。

6.4 ネットワーク利用の現状

6.4.1 インターネットによる情報収集

現段階において，各種情報資源の社会的主要流通手段はインターネットである。1995年に商業ベースでの利用が本格化して以来わず

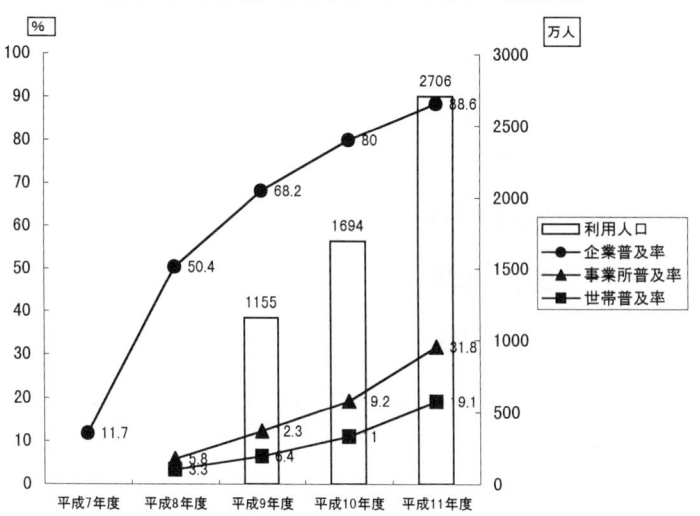

図6-1　わが国におけるインターネットの普及状況

（出典：『平成12年度通信白書』p.10）

か5年間で,わが国のインターネット利用人口(15〜69歳)は約2706万人,世帯普及率19.1%,従業者数5人以上の事業所普及率31.8%,従業者数300人以上の企業普及率88.6%となっている(図6-1参照)。流通する情報量においても,例えばアクセス可能な総ファイル数は1998年2月から99年2月の1年間で1890万から3.1倍増の5820万,1999年8月現在8570万と推計され,図6-2に示すとおり,他のメディアに比べて急速な勢いで情報通信手段として社会に受け入れられつつある[22]。そこでは,もはやインターネットの仕組みを理解しようとするような難しい話はさておき,インターネッ

図6-2 わが国における主な情報通信メディアの世帯普及率10%達成までの所要時間

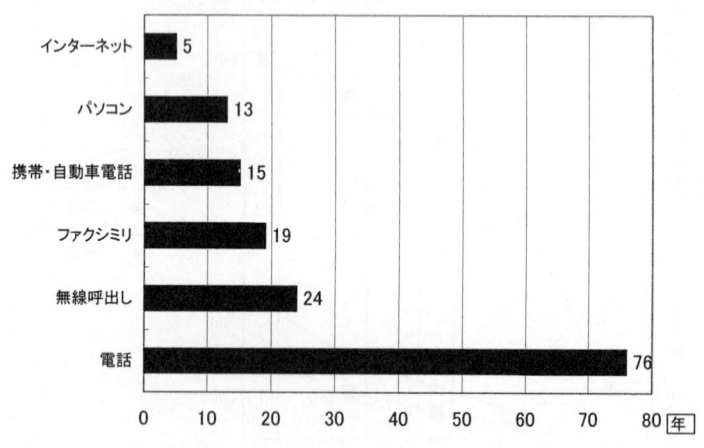

メディア	年数
インターネット	5
パソコン	13
携帯・自動車電話	15
ファクシミリ	19
無線呼出し	24
電話	76

(出典:『平成11年度通信白書』p.2)

トの有効活用を考え,どのように利用の展開を図っていくかの局面がより重要視されるステップに移行した感すらある。

このような状況の中,専門図書館の情報資源収集あるいは発信活動も,質はともかく大量の情報資源が迅速に流通し,誰でも容易に発・受信が可能な環境が魅力的であるインターネットを基盤に展開されることは,社会の趨勢からもはや動かしようのないことと考えられる。その利用形態の理想は,インターネットがコンピュータ・ネットワークを相互接続したネットワークのネットワークである利点を活かし,インターネット中に図書館ネットワークが構築されており,まずその中で収集・発信活動を行い,満足した結果が得られなければ,そこを通じ他のネットワークへアクセスして必要情報資源を収集するとともに,有効な発信活動を行っていくのが効率よい活用方法である。しかし,6.3.3で述べたように,図書館ネットワークが未整備といわざるを得ない現状では,組織的ではなく個人の能力に頼って,膨大な玉石混交の情報資源が無分別に流通する大海原を暗中模索しながらの利用にとどまっているのではないだろうか。橋田昌明も指摘するように,「サーチャーやライブラリアンにとっては,インターネットは結果の評価・整理に時間がかかる効率の悪い情報源であると共に,商用データベースで培った検索の知識や経験,ノウハウなどが,そのままでは通用しないやっかいな情報源であるともいえる」[23]のである。

それでは,図書館ではどのようにして必要な情報資源を探し,かつ有効な発信活動を行っているのであろうか。発信活動については後で述べることとして,まず情報資源収集方法の現状から述べるこ

とにする。

　ネットワークのネットワークとして自然発生的に増殖するインターネットを，商用データベースのようにホストコンピュータ等により管理することはとうてい無理な話である。現在求める情報資源を探す最も確実な方法は，新聞・雑誌等各メディアの紹介記事，組織内・外の人的ネットワークを通じて知り得たものであろう。それらは，実際にファイルを見た上での評価が付随しており，必要としている情報源かどうかの判断を下しやすいものである。

　次の方法として検索エンジンの利用が考えられる。しかし，いまさらいうまでもないことだが，総合的な検索エンジンにもカテゴリー分類ディレクトリと探索エンジン（その中にも，単純な探索エンジン，複数の探索エンジンを一つのファイルから検索できるようにした探索エンジンリスト，複数の探索エンジンに対して同時に検索をし結果を統合して表示するメタ検索エンジン等がある[24]）といった多種多様なものがあり，使い方が一定していない。その上検索の目的に応じディレクトリ型と探索型を使い分けなくては効果的な検索ができないため，各検索エンジンの特徴をつかむことも必要となっている。専門分野ごとに検索エンジン・データベース的なファイルも目につくようになってきた[25]が，そのファイルを探すのも一仕事である。最近では，探索エンジンリスト，メタ検索エンジン[26]も増えてきたので，それを利用するのも効率的であろう。

　検索エンジンで検索した結果，ある程度必要ファイルのあたりがついたならば，多くの関連ファイルを集めた窓口案内的なリンク集を覗いてみるのがよいかもしれない。個々のファイルを見ていくよ

りも効率的で，思わぬ有効なファイルが見つかるかもしれないからである。また，定期的に決まったファイルを見る必要がある場合などは，あらかじめファイルを登録しておけば自動的に最新の情報を収集する自動巡回ソフトの活用も，時間をうまく使うコツかもしれない。

　インターネット上では，新しいファイルが次々に生まれると同時に，場所が移動するもの，または消えてしまうファイルも多く，情報資源の流通速度は驚くほど速い。プロバイダーや検索エンジン側でも，ユーザーがインターネット上で迷子にならないように，自身のサイトをポータル化（インターネットへの窓口として便利に使えるように各種情報への探査ルートをわかりやすく用意しておくこと）するとともに，必要とする情報ジャンルをあらかじめ設定しておくと自動的に最新の情報を配信するサービスなどを行っている。また，URL の代わりに固有名詞を入力することでファイルを表示させたり，検索結果の表示に工夫を凝らし（例えば利用者が入力したキーワードが多数載っているものを上位に表示する，あるいは他のファイルからリンクされている数の多い順に表示するなど），関連キーワードやニュースを付加するなど，検索手法・検索結果の満足度をアップするため，よりユーザーに近い立場でリニューアルを繰り返しているが，インターネットの肥大化とその展開力にはとても追いつくことができない。現状では，集めたファイルをリスト集としてまとめ，常にチェックを怠らず最新のデータを揃えて，必要に応じ速やかに参照でき，アクセス可能な状態にしておくことなど，図書館サイドでの工夫も必要となっている。

一方では，従来のオンライン商用データベースもインターネットを通じた利用の展開に積極的になっている。それは，インターネット閲覧ソフトの機能向上，文字だけでなく写真・動画・音声などのマルチメディア・データ処理技術の向上など，インターネットを取り巻く技術の発達に乗じて，画面の指示に従えば誰でも簡単に利用可能となる方向で動いている。だからといって，オンライン商用データベースがインターネットに取って代わられる，あるいは両者をすみ分けて考えるのは早計なようである。なぜなら，これまでオンライン商用データベースでは提供されなかった情報資源（何かの都合でこれまで公表されなかった官公庁・団体・企業等の灰色文献など）が含まれている可能性がある反面，内容的な取捨選択がなされず，発信源が定かではなく，信頼性に欠けるものが多くバラ撒かれているインターネット情報資源と，提供機関が一定の基準で収集・選択・整理・提供するオンライン商用データベース上の情報資源は，「その情報の性質が異なることが多くあまり重複していないと考えたほうがよい」[27]という指摘もあり，同じ環境でさまざまな情報資源の利用が可能になったと理解すべきであろう。そこで図書館に求められるのは，利用者のリクエストに応じ，インターネット情報資源とオンライン商用データベース上の情報資源を的確に組み合わせて検索し，より有効で迅速なサービス提供能力を養うことであろう。

6.4.2　電子メールによる情報収集

電子メールは，これまで個人的な感覚としてパソコン通信の延長

第6章　ネットワーク　163

線上にあり，インターネット利用の入口という位置づけであった。電子メールでの利用に慣れた後，各種情報検索・収集へ進んでいくものと考えられていたのである。事実，図6-3に示すとおり，インターネット利用内容中，最高値となっている電子メールは，このところコンピュータあるいはインターネット関連雑誌では必ずと

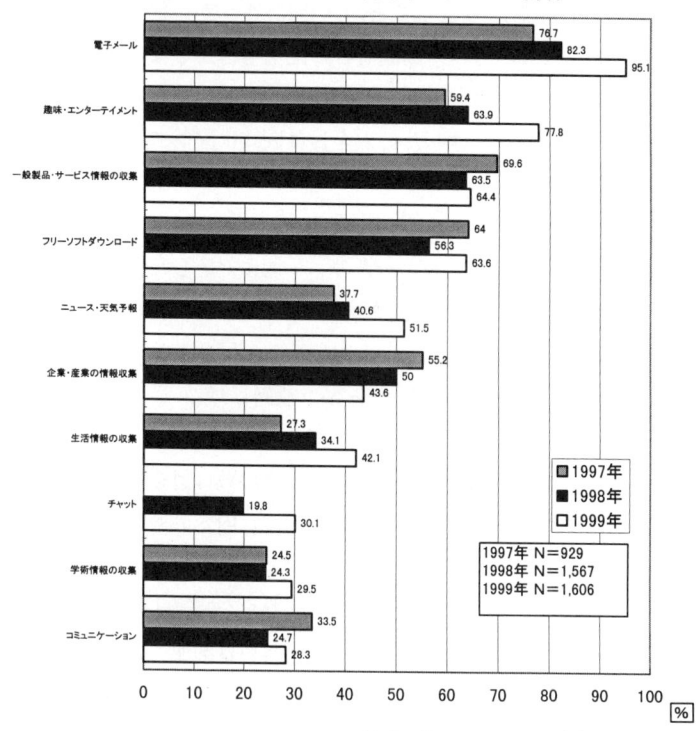

図6-3　個人における利用中のサービス内容

サービス内容	1997年	1998年	1999年
電子メール	76.7	82.3	95.1
趣味・エンターテイメント	59.4	63.9	77.8
一般製品・サービス情報の収集	69.6	63.5	64.4
フリーソフトダウンロード	64	56.3	63.6
ニュース・天気予報	37.7	40.6	51.5
企業・産業の情報収集	55.2	50	43.6
生活情報の収集	27.3	34.1	42.1
チャット	—	19.8	30.1
学術情報の収集	24.5	24.3	29.5
コミュニケーション	33.5	24.7	28.3

1997年 N=929
1998年 N=1,567
1999年 N=1,606

（出典：『インターネット白書'99』p.37）

いってよいほど特集が組まれ,一つのブームとなってインターネット普及の牽引役ではある。しかし,インターネット技術と融合しさまざまな展開をみせている現状を目の当たりにしては,この考えは若干修正しなければならないことに気づく。

電子メールは,相手方の思考・作業を中断させることなく必要な情報を確実に届けたい人に伝達でき,受信者から付加価値をつけた新しい情報の発信ができること,さらに文字だけでなくマルチメディア情報(写真・音声・動画等)の配信も行えるなどの点から,個人・組織のコミュニケーション手段として有効なものとなっている。その上,情報を伝達したい人全員に同時に配信できるメーリングリスト機能を活用することにより,ネットワーク上で会議を行ってしまうことも可能である。

さらに電子メールは,一人一人のニーズに対応した継続的なサービスに適している[28]ため,検索エンジンを使った情報検索に比べ,必要な情報資源を入手しやすいともいえる。同じ趣味・嗜好・興味(学術的な意味でいえば分野)をもつ者向けのコミュニケーション・情報交換を目的とするメーリングリスト[29],ネットニュース・グループ[30],メール・マガジン[31]などの増加数は目を見張るものがあり,まだまだ,個人的趣味・嗜好に走った内容のものが多く見受けられるとはいえ,図書館での利用に耐えうるような学術的なものもまま見られる[32]ようになってきた。それらを購読することによって得られる情報内容には,情報提供先あるいは関連のページアドレスが記載されたものもあり,インターネットとのリンク機能を有していればダイレクトにアクセスでき,より有効な情報資源入手の可

能性も秘めている。また，ここ数年の間に広がりを見せている学術系雑誌の目次情報・抄録あるいは雑誌そのものをインターネットで提供する動きは，速報性，論文単位までの検索機能性，マルチメディア対応，同時に何人もの利用が可能，リンク機能などの利用による発展性，省スペース性[33]の面から，今後さらに注目を浴びるものと考えられるが，ユーザーが欲しい情報のみを選択できる自動配信サービスを取り込むことによって，より有効性を増すと思われる。

一方，最近ではパソコン以外でも，携帯電話・PHS同士のメールのやり取り，インターネットと携帯電話・PHSあるいはポケットベルが連携する形のメールの送受信，届いたメールを電話から音声で受け取り，FAXへ送受信するなど，電子メールの利便性を向上させるような使い方も多岐にわたっている[34]。

このように個人対個人のコミュニケーション，情報交換手段と見られがちな電子メールも，単体として使われる以外に，インターネット等ネットワーク上の他の情報伝達手段と相互乗り入れする形で用途を増しており，応用次第では従来個人・組織がもつネットワーク範囲を越えた新しい情報資源収集の手段となり得るものである。

6.4.3 イントラネットによる情報発信

前項までは，図書館における情報資源収集方法の現状について述べてきた。ここからは，収集・蓄積した情報資源の有効な発信方法について述べることにする。

6.2.2でも述べたように，わが国の社会システムが構造改革を迫

られている中で，組織においては電子メールの利用，コンピュータ・ネットワークの構築などを通じて，必要な情報資源の迅速な流通と共有化による早急な経営改善を行おうとしている。このような動きをさらに推し進めるものとして考えられたのが，イントラネットである。

イントラネットとは，簡単にいってしまえば，組織内で別々に動いていた電子メール・システム，文書管理・検索システム，データベース・システム等，ネットワーク上の各種資源の情報化システムを，インターネット技術（一般的にはインターネット閲覧ソフト＝ブラウザと Web サーバ）を応用することによって一本化しようと

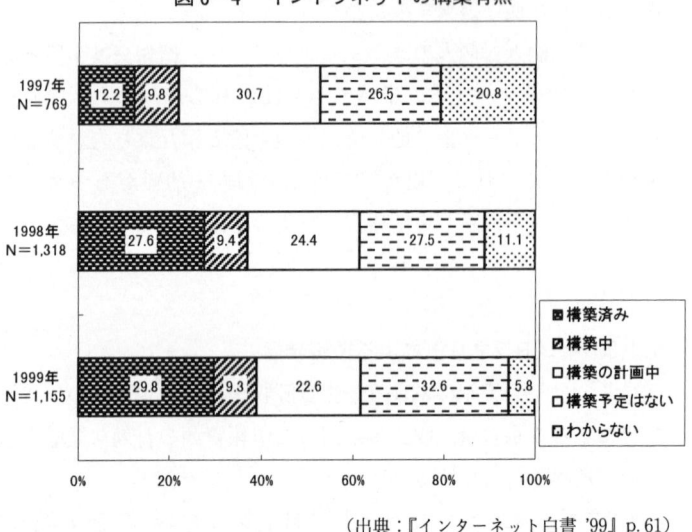

図6-4 イントラネットの構築有無

年	構築済み	構築中	構築の計画中	構築予定はない	わからない
1997年 N=769	12.2	9.8	30.7	26.5	20.8
1998年 N=1,318	27.6	9.4	24.4	27.5	11.1
1999年 N=1,155	29.8	9.3	22.6	32.6	5.8

（出典：『インターネット白書 '99』p.61）

図 6-5 イントラネットの目的

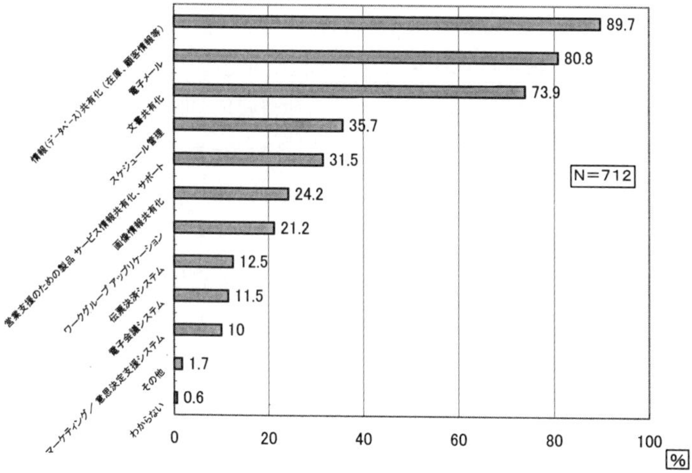

項目	%
情報(データベース)共有化(在庫,顧客情報等)	89.7
電子メール	80.8
文書共有化	73.9
スケジュール管理	35.7
営業支援のための製品・サービス情報共有化,サポート	31.5
画像情報共有化	24.2
ワークグループアプリケーション	21.2
稟議決裁システム	12.5
電子会議システム	11.5
意思決定支援システム	10
その他	1.7
マーケティング/わからない	0.6

N=712

(出典:『インターネット白書 '99』p.61)

するものである。ネットワークシステムがあれば手軽に始めることができ,別々のシステムを動かすよりも安価に情報資源流通の円滑化が可能となり,同時に共有化も進むと考えられている[35]。

わが国におけるイントラネット構築は1995年頃始まり,1997年から本格化している[36]。その構築状況の推移と構築の目的を図6-4,図6-5に示したが,情報資源共有化を主目的として着実に増加している。

このように,統一されたシステムによる組織内情報資源のスムースな流通を通じた共有化を目指す動きが活発化する中で,図書館はどのような行動を起こさなければならないのであろうか。

これまでのように,各種資源を単に整理して抱え込むだけでなく,

今後の機能・役割を資源情報化と情報の積極的・能動的な発信・提供活動に見出すならば，すでに図書館は発信・提供しうる情報資源（印刷物あるいはデータベース化された情報として保有する過去の組織内活動や成果の記録，組織外の各種資源）を保有しており，またそれらを分類・整理し，利用に供するノウハウももっていることから，イントラネットの登場は図書館にとってよりアクションを起こしやすく，存在をPRする環境が与えられたと考えるべきであろう。これからは，イントラネットを迅速で効果的な情報資源提供手段として活用するためのサービスメニュー作りと，発信情報資源の提供ルールに準じた標準化に取り組まなければならない。従来苦手として情報システム部門等に頼りすぎていたコンピュータ技術習得にも前向きになり，せめて基幹システム部分は図書館主導で構築することが望ましい[37]。

　一方，組織内でのイントラネット普及に伴い，各人・部署に分散していた資源もネットワーク上を流通することになるが，インターネットの世界と同様に，流通量が多くなってくると，どこに必要なものがあるのかかえって探しづらくなり，単なる資源の電子化で終わってしまう危険性もある。さらに，例えば業務遂行上の問題解決に必要な情報資源は一つではなく，複数の情報資源を組み合わせて使われることが多いと思われる。それを可能とする仕組み（情報の組織化＝検索機能強化，多種多様な情報資源に対応する柔軟性，再編集が容易に可能であること等）ならびに各情報資源への付加情報（キーワード，入手経路，入手年月，賞味期限[38]等）の付与が必要となる。そこに図書館がこれまでのノウハウを活かし，その役割を

担うことによって，存在価値をPRする絶好のチャンスが生まれるのである。もちろんそのためには，既存流通情報の発信先・形式・概要と，組織全体の情報ニーズの動向に常に目を光らせ，何らかの変化が見えれば迅速・柔軟に対応（図書館自身の対応および関係部署への働きかけ）できる体制を整えておかなければならないことはいうまでもない。

イントラネットの世界では，従来紙などの媒体で保有・入手していた資源以外に，媒体としては存在しない情報資源も流通するようになり，図書館がすべての情報資源を入手・保有し利用に供することは不可能である。だからといって，単に情報資源を発信・提供する一部門で終わるのではなく，組織内情報資源を使える価値のあるものとして再編成し共有化する舵取り役，さらに組織内に流通させるべき情報資源の選択まで担える部門へと進化する道を，これからは追い求めていかなければならないだろう。

6.4.4 エクストラネットによる情報交換

組織における情報化武装（戦略）はとどまるところを知らず発展している。インターネット，イントラネットの次は，エクストラネットである。

エクストラネットとは，インターネット，イントラネットをセキュリティ（ファイアウォール）技術・認証技術を通じ有効活用して，利害関係を有する他組織あるいは特定の個人と情報交換を行い，組織の目標をより安いコストで迅速かつ確実に達成していくことを目指したネットワークの考えである[39]。情報交換を行う相手は固定

170

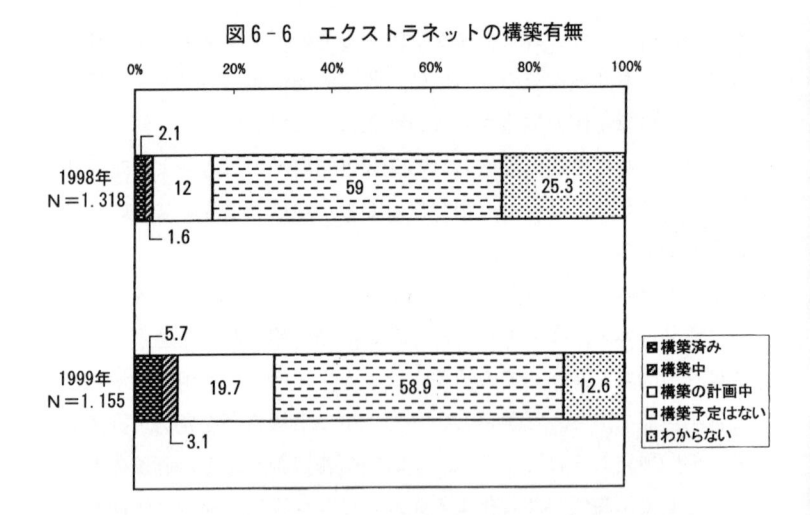

図6-6 エクストラネットの構築有無

	構築済み	構築中	構築の計画中	構築予定はない	わからない
1998年 N=1,318	2.1	1.6	12	59	25.3
1999年 N=1,155	5.7	3.1	19.7	58.9	12.6

(出典:『インターネット白書 '99』p.61)

ではなく、その時々の目標に応じ自由に組み替え可能である。

それでは、図書館ではエクストラネットをどのように活用できるであろうか。エクストラネットを、図書館協力の電子化、ネットワーク化と考えれば、これまでの業務を変えるものではなくその延長線上にあるものと位置づけられる。

組織における情報資源は、イントラネット上を流通し共有化されることによって新たな意味を与えられ、より価値あるものへと昇華していくが、組織は体制維持・目標追求のために常に新しい情報資源を必要とし、組織内にまだ埋もれている資源の掘り起こし、組織内で新たに発生した情報資源にとどまらず組織外にも広く探索の手をのばさなくてはならない。そこでも図書館は従来の図書館協力で

培ったノウハウを活かし重要な役割を担いうるが，組織で求めるニーズに対応して，迅速に多くの情報資源を収集するためには，協力・連帯・提携対象を，組織内他部署や人，組織外では図書館にとどまらず書店，出版社，その他の情報提供機関・業者，果ては個人にまで拡大する努力が必要となってくる。また，より多くの情報資源を扱うようになるため，業務の効率化も考えていかなければならない。その手段として組織内でのイントラネット活用と同様に，組織外情報保有機関・業者，人との協力関係形成にエクストラネットが応用できないかと考えられているのである。

当然のこととしてまず最初に考えられるのは，図書館間の情報資源共有化ネットワークである。それは以前から必要とされながら，設置母体を異にする専門図書館の場合，複雑に絡み合う親組織の利害関係ゆえに自館優先主義から脱却できずにいたものを，一歩進めて協力・連帯・提携を構想したものといえる。

そこでは，これまでのように自館のシステムに他館のデータを取り込み個別に運用したり，自館の外にある独立したホストに蓄積されたデータを共同利用するといった形ではなく，個々のシステムをネットワークでつなぎ一つのシステムのように利用するため，自館のデータはそのまま利用者向けならびに管理用データとして業務に使用でき，他館のデータは所在確認・相互貸借申込み等に活用できる。よって，自館のシステム以外に特別なコストをかけず，スペースもそのままに，利用者サービスの向上（＝提供可能な情報資源の拡大）を図るための重要な選択肢となりうるものである。

もちろん，最初から協力・連帯・提携を希望するすべての図書館

とネットワークを結ぶことは難しいが，同一企業グループ内図書館，親組織がエクストラネットで提携する組織の図書館等，関係を結びやすいところからアクションを起こし，ネットワークを形成した経緯や有効性を社内外に積極的にPRすることによって，コレクションを同じくする図書館，あるいは同一地域の図書館との協力関係形成への可能性を探っていくべきである。また協力体制についても，当初の保有データの共有化から，まだネットワーク上に配信していない資源の情報化作業，新規情報資源の分担収集など，協力・連帯・提携体制をより強力なものへ高めていく必要もあるだろう。

さらに，図書館以外の情報保有提供機関・業者との協力・連帯・提携を探ろうとした場合，互いの業務処理の重複する部分（例えば図書館が書店などから発信される案内により発注を行った場合，その案内情報をそのまま目録データに転用でき，一方受注業者では図書館からの発注データを業務処理データに使用できる等）を共有するような仕組みになっていれば，双方の業務の効率化・迅速化につながり，よりメリットのある魅力的なシステムとなっていくに違いない[40]。

しかしこのようなシステム構築を模索するには，まだ組織による情報の囲い込み意識は強い。情報とは組織の中でその状況に応じた使われ方をすることによって初めて意味（価値）をもつ。したがって，情報資源を利用したいと考えるすべての者に平等にアクセスする権利があることを知らせるために，図書館ができるだけ多くの社内外情報資源を扱う窓口となり，組織内で使いやすいように再構築するイニシアティブをとって，組織全体に情報に対する考え方を改

めさせる努力をすることにより,道は開けるのかもしれない。

6.5 ネットワーク利用の展開

6.5.1 情報・資源共有化

これまで述べてきたように,社会の中で何らかの活動を行っている組織にとって,今後の社会の方向性を示す指標となる情報資源を,専門主題領域にとどまらず周辺分野や他領域にわたり収集・活用することは,自らの存在を維持し,目標を追求する上で不可欠となっており,そのためのさまざまな試みがなされている。このため,特定の組織を設置母体にもつ専門図書館は,当然組織の情報化戦略に沿って,従来の図書などの物理的媒体に加え,有益な情報資源をも収集・整理・提供していかなければならない。しかし,社会の情報要求の高まりと情報化技術の発展により情報資源の供給元が多種多様化し,その流通量と速度は右上がりを続け,とくに単館さらに現在の図書館協力体制のみでつかまえきれる限界を越えている(そこには当然各館の厳しい人員・予算・スペースの現状も関係している)。その対応策として,以前から図書館ネットワークの構築が叫ばれている。例えば筆者の属する建設業界では,建築・土木・都市・住宅情報センター協議会(Architecture & Civil Engineering Information Center's Association, 略称 ACICA)設立準備会による各組織の情報センター・図書館・資料室等情報管理部門のネットワーク化[41] などが構想されており,そのことに異論を唱える人は少ないと思われるが,なかなか実現にこぎつけられないのはなぜだろうか。

今後ネットワーク構築をより実現性の高いものとするための最大

のキーワードは，個々の図書館がもつ従来の物理的媒体の共同収集と利用，各館の所在・書誌目録を統合した総合目録の共同作成と利用，個々の図書館がもつ人，ノウハウ，システムといった資産の共同利用など，複数の機能領域にわたる共有化であろう[42]。

この共有化を基底で支える理念は，従来と同様に図書館間の互恵意識でなくてはならない。しかし，これまでどおり各種情報源の共有化に力点をおいて考えてしまうと，現状の図書館は外に開かれた存在というよりも組織の一部として必要な存在であるために，その活動方針・目標によって制約（特にこれから各組織が他との差別化を志向する中で，その絶対材料となる情報源の囲い込みが行われることは必須とみえる）を受け，自館の都合を優先してギブよりもテイクの方が大きいことがネットワーク参加のメリットと考える傾向が強く，なかなか共有化が進まないと思われる。

そこで，情報資源を活用した利用者サービスの拡充（設置母体の活動目標や利用者のリクエストに応じ，より迅速で的確な活動を行うと同時に，非来館型利用に適応するための体制づくり）に重点をおいて，上記のような複数の機能領域にわたり共通性・重複性を認識し，トータルなシステムの中で共有化を考えてみた場合はどうであろうか。例えば，個々の図書館がもつ人，ノウハウ等を集めながらインターネット技術を応用した共通のシステムで，総合目録作成・利用を通じて自館の管理・サービス活動を行うことにより，重複業務の効率化，コスト削減の可能性を秘めながら，供給元の知りうる範囲，入手経路，流通・伝達速度の拡大・向上を図る仕組みを作る。情報資源は多くの人の目に触れ，次々に伝達・利用され，意

味を伴いまた戻ってくることによって新たな価値を見出される場合が多い。情報資源の囲い込みは決して得策とはならないことを図書館自らが認識すると同時に，利用者さらに組織の中枢部にも理解させ，ネットワーク構築の道を探っていくのも一つの方法ではないかと思われる。

しかし，提供される情報資源の範囲をネットワーク参加館任せにしてしまうと，設置母体の性格の違いによりばらつきが生じたり，情報資源保有量の大小によるギブ・アンド・テイクの不均衡，利用環境の違いによるアクセス状態の格差，知的所有権の問題など課題は多い。これらの問題を解決するためには，何らかの調整役が必要である。ここでは，その調整役として専門図書館協議会の存在に注目したい。専門図書館協議会は，官庁，地方議会，民間各種団体，調査研究機関，企業，大学図書館，資料室，情報管理部門を横断的に会員とするユニークな存在で，会員機関相互の連絡と有機的連携を図ることを目的に活動を行っており，ネットワーク・センターとして機能しうる可能性を秘めていると思われる。今後は専門図書館協議会主導で，情報資源提供範囲の設定，情報資源提供量や利用量に応じた便益や負担の調整，知的所有権等の諸事項の交渉，出版社他の情報資源取扱機関，関連団体，各業界に対する協力・参加要請等，ネットワーク構築と運営にかかわる事項について検討を重ね，逐次アクションを起こし，トータルな図書館ネットワークの構築を通じた各種情報・資源の共有化の実現を図っていくべきものと考える[43]。そのためには，専門図書館協議会自身の基盤体制・財政強化も望まれるところである。

6.5.2 ナレッジ・マネジメント

今，筆者の目の前には，ペーパーレベルの図書・雑誌といった資料群が一定の規則の基に並べられた書架の間に，調べ物をする利用者が行き来する，旧態前とした図書館の風景がある。数年前と違う点といえば，扱う資料群に非ペーパーものが増え，手垢に汚れた図書カードと貸出カードがコンピュータに取って代わられ，組織内に張られたコンピュータ・ネットワークのおかげで図書室に来なくても資料の所在を確認できるようになった程度のことである。

それでは，何をもって旧態前と感じるのか？ 利用者から寄せられるリクエストに応じ図書を手配し，定期的に送られてくる雑誌類を整理して利用に供したり，文献検索を行い必要な文献のコピーを入手するだけではなぜいけないのか？ 利用者の望む姿であるかもしれない資料の保管庫ではなぜいけないのか？

それはおそらく，このまま受動的・待機型サービスを続けていたのでは，苦労して収集・管理している各種資源が本当に利用者の課題追求，問題解決，意思決定のために再利用されているのかなど，われわれが日々の業務を行っていく上で力となる利用者の満足度が見えにくく，最良の利用者ニーズに応じたサービスとは何かが不明確となってしまうからなのだろう。

そこで今一度，現時点における最良のサービスとは何かを考え，今後われわれライブラリアンが進むべき方向性について探ってみることにする。

現在の厳しい社会情勢の中で，組織が生き残り，目標追求活動を通じてさらなる発展を志向した場合，情報資源の有効活用が最重要

課題であることはすでに述べた。ここでいう情報資源とは，組織内で保有する有形の成果物，非ペーパーを含む物理的媒体としての各種資料，イントラネット，インターネット上を流通する各種情報に加え，個人が頭の中にもつ無形の経験・技術・ノウハウまで含めたものであり，有効活用とは，取捨選択・統合・整理・再編集することによって内容を明確化し，組織にとって意味をもつ情報資源（＝ナレッジ）を組織内で蓄積・共有・再利用する仕組みを作り，組織外の情報資源も取り込みながら，随時必要に応じて組織の活動の中で使えるものを創造するプロセスを繰り返す動的システム，つまり現在世の経営者サイドが注目するナレッジ・マネジメントの実践ととらえられる。

今ナレッジ・マネジメントを実現していくのは難しいこととされている。なぜ難しいのか。それは多くの種がそれぞれ現場の実務の中に生きたものとしてあり，保有・生成者自身が公開すると同時に再利用して，絶えず新しい情報資源を提供することを常に意識としてもっていなくてはならないこと，経営者サイドが押しつけで行えるものではなく，経営者サイドは収集・提供を望む情報資源の価値基準を明確にし，各自がもつ情報資源を鮮度が落ちないうちに進んで提供したくなる仕組み（環境）を作り，収集した情報資源をナレッジ化するため評価，取捨選択，重複チェック，再編集，蓄積し，蓄積したナレッジと組織内外の情報資源（それらの収集・入手ルートを多数用意することも当然必要）を必要な人が必要なときにすぐ活用できる使い勝手のよいネットワークシステムを整備・構築して，常時動的に回転させていかなければならないからである[44),45)]。

このように見てくると，ナレッジ・マネジメントの実践サイクルは，理想的な図書館機能，つまり利用者ニーズを掘り起こしたり，リクエストに応じて関係する情報資源を探索・調査，収集する中から有効と思われるものをピップアップし，使い勝手よく再編集（編成）して提供することによって，利用者の課題追求・問題解決・意思決定の手助けを行うプロセスとどこか似ていないだろうか。とすれば，利用者ニーズに合わせより的確で迅速なサービスの追求を怠らない図書館であれば，組織がナレッジ・マネジメントを実践する仕組みやシステムの構築を志向する中で，十分に機能しうるものと認められる可能性は大きい。なぜならば，図書館のもつ効率的な情報資源の探し方・集め方，整理・編集・蓄積のしかたについてのノウハウや，収集した情報資源を利用者に提供しようとする基本的性格は大いに機能すると思われるからである[46]。そして，ナレッジ・マネジメント実践の中で図書館が有効に機能することによって，自身も新しい姿へ変貌をとげることができるかもしれない。それは，従来の図書館活動と新しく始まるネットワーク上での活動を有機的に融合することによって，多くの情報資源が集まり扱われる窓口であり，集められた情報資源が有効で使いやすく付加価値を与えられ利用者のもとへ出て行く風通しのよい場所（＝ナレッジ・センター[47]）であればよいのである。

近年米国では，組織のナレッジ志向に伴い，今後図書館が進むべき方向性が明確になり[48]，その先進事例も紹介されるようになった[49]。わが国においてもライブラリアンは，ナレッジ・マネジメントと向き合うことによって，インフォメーション・スペシャリスト

やナレッジ・マネジャー，ナレッジ・オフィサーに脱皮していかなければならない[50]という大志を胸に秘めているはずである。しかし，現状はこれまでの経験や技術，ノウハウをどのように活かしたらよいのか暗中模索しているのが実のところであろう。

確かにインターネットに代表されるインフォメーション・テクノロジー技術の向上により，組織内外の情報資源の流通量・速度は驚くほど増加し，これまで目にすることができなかったものさえ誰でも仲介者を通さず容易にアクセス可能な環境が整いつつある。しかしだからといって，すぐに必要かつ有効な情報資源へ辿りつけるとは限らない。膨大で細分化された情報資源を前に，調査手段の選択（イントラネット上に存在するのか，インターネットの検索エンジンを使うのか，あるいは商用データベースにするのかなど），検索キーワードの選定，調査時間の短縮のために発信元にあたりを付けて検索を行う，などの効率的な情報資源収集のノウハウはさらに必要性を増している。また，集めた情報資源の効果的な整理・蓄積・提供の仕組みなどに関するテクニックも，十分に応用されてよいものである。

そこでわれわれにとって今必要なのは，日常業務の中で利用者を常に意識し，言葉にして伝達できないニーズに対話や資料を提示することで筋道をつけ顕在化する手助けを行ったり，今後のニーズを予測して関連分野のコレクション（物理的媒体であれ情報資源であれ）の充実に努めたり，リクエストの回答に索引・抄録・関連したニュースなどの付加を与えたりと，ちょっとした工夫を積み重ねていくことによって，図書館のもつ技術・ノウハウを組織内に広く知

らしめ，各種情報資源の交通整理を行うことが可能な場所として認識させながら力を貯えることではないだろうか。さらに貯えられた力は，図書館相互で平等に共有する精神も忘れるべきではない。われわれに勇気を与えるものは，何より利用者の喜ぶ顔である。

引用文献・注
1)『現代用語の基礎知識　2000』自由国民社，p. 665
2) ネットワークの概念・定義については，例えば，上田修一「図書館ネットワークの限界」『図書館ネットワークの現状と課題』日外アソシエーツ，1991，p. 23-33
3) 専門図書館協議会編『白書・日本の専門図書館　1992』丸善，1992，p. 1-12
　専門図書館協議会編『白書・日本の専門図書館　1989』丸善，1989，p. 21-48
4) Heartsill Young ed.，丸山昭二郎ほか監訳『ALA図書館情報学辞典』丸善，1988，p. 132
5) 図書館情報学ハンドブック編集委員会編『図書館情報学ハンドブック　第2版』丸善，1999，p. 867-869
6) 武長脩行ほか『マルチメディアと情報ネットワーク社会』文化書房博文社，1996，p. 13-14
7) 建設通信新聞，1999年6月8日付，建設論評欄
8)『図書館情報学ハンドブック　第2版』p. 165,175
9)『図書館情報学ハンドブック　第2版』p. 244-246
10) 後藤輝雄「利用者が期待する専門図書館の機能と今後のありかた」『専門図書館』No.172，p. 7-12，1998
11) 例えば，北克一「電子図書館－新しい情報環境の確立を目指して－」『情報の科学と技術』49(6)，p. 265，1999
　高山正也「デジタル情報時代の企業内専門図書館」『情報の科学と技

術』47(5), p. 226, 1997 に詳しい。
12) 藤野幸雄ほか『図書館情報学入門』有斐閣, 1997, p. 79-81
13) 廣田とし子「情報環境の変化と求められる図書館システム」『専門図書館』No.168, p. 3, 1997
14) 図書館協力および次節ネットワークの意義・歴史・形態については,『図書館情報学ハンドブック 第2版』p. 794-809
  図書館情報学ハンドブック編集委員会編『図書館情報学ハンドブック』丸善, 1988, p. 841-855 に詳しい。
15)『図書館情報学ハンドブック 第2版』p. 797
16) 専門図書館が参加する図書館協力機関については,『白書・日本の専門図書館 1989』,『同 1992』(p. 225-239)に詳しく整理されている。
17) 仲本秀四郎『ネットワークの世界』読売新聞社, 1998, p. 155-156
18)『図書館情報学ハンドブック 第2版』p. 796
19)『ネットワークの世界』p. 160-164を参考に, 筆者なりにまとめた。
20) 北克一・前掲論文, 高山正也・前掲論文, p. 228
21) 小林麻実「競争の中で変化する米企業図書館」『情報の科学と技術』47(5), p. 236, 1997
22) 郵政省編『平成12年版通信白書』ぎょうせい, 2000, p. 10
  一方, 日本インターネット協会監修『インターネット白書 2000』(インプレス, 2000)では, わが国のインターネット利用人口は約1938万人, 世帯普及率24.6%と推測している(p. 30-32, 36-39)。
23) 橋田昌明「インターネット検索の現状と課題」『専門図書館』No.174, p. 1, 1998
24) 奥乃博『インターネット活用術』岩波書店, 1996, p. 56-60
25) 例えば, 以下のものがある。
  著作権関係法令集データベース 作成:著作権情報センター
    http://www.cric.or.jp/db/dbfront.html
  国立公文書館目録データベースシステム 作成:国立公文書館
    http://www.sorifu.go.jp/koubunsho/index.html

特許庁電子図書館
    http://www.ipdl.jpo-miti.go.jp/homepg.ipdl/
Japan Press Index
    http://jpi.kyodo.co.jp
All the World's Newspapers
    http://www.onlinenewspapers.com/

26) 例えば，以下のものがある。
    ナレッジクエリーサーチ（http://kd.iws.ne.jp/）
    検索ディスク（http://www.searchdesk.com/）
    Dogpile（http://www.dogpile.com/）

27) 日本データベース協会編『最新オンライン情報源活用法』日外アソシエーツ，1998，p.3-4

28) 野村正人「図書館での電子メールの利用－広島大学での利用－」『薬学図書館』44(1)，p.20，1999

29) 例えば，メーリングリストを紹介するものとして，次のものがある。
    月刊ML紹介（http://mlnews.com/jp/）

30) ネットニュース・グループについては，各プロバイダーにより購読できるニュース・グループが異なっており，一概にはいえないが，万のレベルには達していると思われる。

31) 例えば，主なメルマガスタンドの発行数は以下のとおりになっている。
    ウィクリーまぐまぐ　（http://www.mag2.com/）：約13,000誌
    PubzineTimes　　　（http://www.pubzine.com/）：約4,500誌
    あるある☆NEWS　　（http://www.aruaru.net/）：約2,500誌
    melma！　　　　　（http://www.melma.com）：約5,300誌

32) 例えば，以下のものである。
    Academic Resource Guide（http://www.ne.jp/asahi/coffee/house/ARG/）
    Ariadne News（http://ariadne.ne.jp/）

33) 『最新オンライン情報源活用法』p.69-71

34) NTT 出版編『知って得する　マルチメディアサービス手帳』NTT 出版, 1998, p.110-125
35) 斉藤孝「イントラネットによるデータベース構築技法」『情報管理』41(3), p.190-199, 1998
36) 斉藤孝, 前掲論文
37) 「特集：イントラネットによるライブラリーサービス」『情報の科学と技術』48(5), p.273-302, 1998
　　「特集：平成10年度全国研究集会　第一分科会　イントラネットによるサービス」『専門図書館』No.171, p.10-21, 1998
　　などで実践事例が紹介されている。
38) 越山素裕「ナレッジマネジメント入門」『専門図書館』No.176, p.3, 1999
39) 大山繁樹「エクストラネットに発展強く柔らかな企業連携へ」『日経情報ストラテジー』No.58, p.102-105, 1997
40) 牛口順二「図書館におけるエクストラネットの活用法」『専門図書館』No.167, p.1-5, 1997
41) 石原優ほか「建設業における情報管理部門のスタッフの職能を考える」『専門図書館』No.172, p.13-21, 1998
　　寺田公彦 「建設業界における情報センター連携への取り組み」『情報管理』41(10), p.818-825, 1998
42) 石井啓豊「資源共有の新展開と ILL/DD サービスの展望」『情報の科学と技術』49(8), p.378, 1999
43) 『白書・日本の専門図書館　1989』p.218-225
44) 「特集：本番！ナレッジ・マネジメント」『日経情報ストラテジー』No.87, p.20-38, 1999
45) 黒瀬邦夫「競争力を生み出すナレッジ・マネジメント」『情報の科学と技術』49(9), p.448-453, 1999
46) 谷口敏夫「情報図書館学からみた『ナレッジ・マネジメント』」『情報の科学と技術』49(9), p.459-463, 1999

47) 豊田恭子「ナレッジマネジメント:私たちは何処へむかうのか」『専門図書館』No.176, p. 6-11, 1999
48) 豊田恭子, 前掲論文
49) 例えば, レイ・ブキャナン, 豊田恭子訳「アメリカで一番賢い小さな会社」『専門図書館』No.176, p. 13-18, 1999
50) ジーン・メイヒュー, 小林麻美訳「ナレッジマネジメント－米国企業で何が起こっているのか－」『専門図書館』No.176, p. 19-24, 1999

執筆後記

　インターネットをはじめとする情報ネットワーク利用環境の変化は，日進月歩である。この章で紹介したデータ類も，執筆の際は最新のものを使用したつもりであったが，本書刊行時点では，さらに新しいデータが公表されている。

　以下に参考となる資料のいくつかを列記することでお許し願いたい。

・日本インターネット協会監修『インターネット白書　2000』インプレス, 2000
・日本情報処理開発協会編『情報化白書　2000』コンピュータ・エージ社, 2000
・電通総研編『情報メディア白書　2000年版』電通, 2000
・通商産業省機械情報産業局監修, マルチメディアコンテンツ振興協会編『マルチメディア白書　2000』マルチメディアコンテンツ振興協会, 2000
・通商産業省機械情報産業局監修, データベース振興センター編『データベース白書　2000』データベース振興センター, 2000
・通商産業省機械情報産業局監修, 日本電子工業振興協会編『パソコン白書　2000-2001』コンピュータ・エージ社, 2000
・通商産業省機械情報産業局監修, 情報サービス産業協会編『情報サービス産業白書　2000』コンピュータ・エージ社, 2000

第7章　ワンパーソン・ライブラリー

　専門図書館の規模は小さい。『専門情報機関総覧　1997年版』によれば，専門図書館の半数以上は職員数5名以下（館長・アルバイト含む）で運営され，1，2名のところも全体の3分の1を占めている（図7-1参照)[1]。少ない人数，小さい規模でも，組織として独立し，独立した予算内で独立した運営を展開している例もないわけではない。しかし多くの場合，小規模専門図書館は親機関内のある特定部署やグループの管理下におかれ，図書館運営も，その所属部署の性格や動向に左右される度合いが非常に強い。予算枠，運営方針，人員やスペースなどの変更は日常茶飯に起こるし，極端な場合

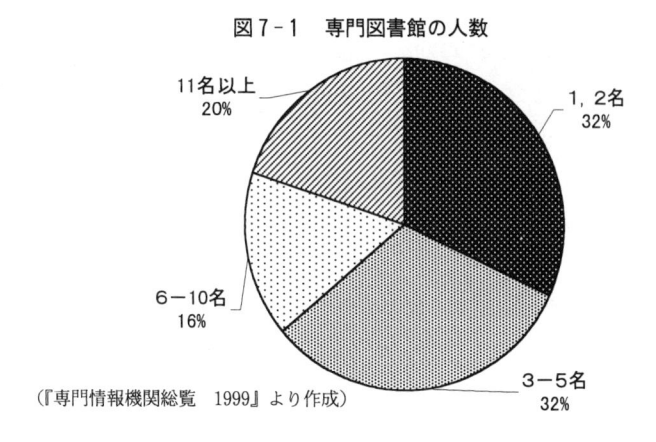

図7-1　専門図書館の人数

- 11名以上　20%
- 1，2名　32%
- 3-5名　32%
- 6-10名　16%

（『専門情報機関総覧　1999』より作成）

には，図書館の創設や閉鎖さえも所属部署の意向で簡単に決定されてしまう。図書館としての任務を全うする以前に，親機関・所属部署の意向に沿うことをまず要求されることも一般的にみられる[2]。

ここまでの章では専門図書館運営のさまざまな側面について主に業務別に論述してきたが，最後に，そうした小規模図書館特有の問題について一章を設けることにした。小さな図書館が，それでも図書館としての機能を十全に発揮し，利用者サービスを発展させていくにはどうすればよいのか。一人で自館の問題やストレスと向き合わなければならない孤独感から解放され，毎日を楽しく充実させていくにはどうしたらよいのか。そして親機関の中で重要な位置を占め，なくてはならない存在になっていく，あるいは社会全体の情報環境の中で価値をもち，評価され，繁栄していくためにはどうすればよいのか，検討を試みたい。

7.1 ワンパーソン・ライブラリー運営の基本

ワンパーソン・ライブラリーでは，当然のことながら一人で何もかもやらなければならない。予算管理，コレクション・ディベロップメント，情報提供サービス，ライブラリー・ネットワーク，施設管理。だがそれらをすべて完璧にやりこなすことは，所詮不可能であろう。この不可能性の認識が，ワンパーソン・ライブラリーの原点である。

私たちは本書の冒頭で，何の分野であれ＜専門＞をもった図書館を専門図書館と呼ぶと規定した（p. 1）。だがワンパーソン・ライブラリーにおいては，その設置目的も，利用者も，情報資源も，分

野も，機能も，すべての側面において＜専門＞を設定する必要がある。すなわち＜専門＞と＜非専門＞を識別し，＜専門＞に集中することを求められている。そうでなければ，ワンパーソン・ライブラリーの運営はままならない。与えられた枠組み（予算・スペース・そして一人という人数）の中で，何を自館の＜専門＞として特化させ，何を＜非専門＞として切り捨てる（諦める）のか，より厳しい選択が必要になってくる。

ここで選択基準となるのは，利用者のニーズ，経営者のニーズ，図書館が判断するニーズの三つであろう。以下，順に考えてみよう。

7.1.1 主要な利用者集団のニーズ

まず利用者集団を規定する。図書館サービスの主要な対象者をどこにおくのか，利用者像をしっかり頭に描く。これは何も，利用者集団を限定することを意味しない。後述するが，実際の利用者はむしろ広がりをもちうる形にしておいた方が生き残りのためにはよいといわれている。しかし，不特定多数の利用者に対して均質のサービスを提供することは不可能である。図書館業務のアウトラインをデザインしていくにあたっては，自館の主要な利用者が誰なのかを明確にしておくことがすべての基本になる[3]。

次に，その主たる利用者集団が図書館に求めているものをリストアップしてみる。

・資料の整理
・書籍の注文
・定期刊行物の管理

- 非流通文献の入手
- 特殊資料の保存
- 新聞のクリッピング
- レファレンス・サービス
- オンライン・データベースの検索
- 各種のレポート作成, 翻訳

などなど。中には, 理不尽だと思える要求や, 専門外の仕事も含まれているかもしれない。だがそれらも頭から切り捨てるのではなく, まずは彼らのニーズの全容を視野に入れる。聞くべき要求と聞かなくてもよい要求とを識別するのは, そのあとの作業だ。

7.1.2 経営者のニーズ

親機関の性格によって多少違うが, その機関の責任者が考えていることは, 必ずしも図書館利用者のニーズとは一致していない。利用者は図書館員に資料整理もレファレンスも, そのあとの資料作成まで求めてくるかもしれない。しかし組織の責任者は, 図書館業務をそれほど発展させたり充実させたりすることに興味はないかもしれない。あるいは親機関・部署はそもそも「図書館」をもとうとしているわけではなく,「こういうことをしてくれる人」という役割の方を求めていて, それがたまたま図書館員であるといったことも, 特にワンパーソン・ライブラリーの場合などにはよく見られる[4]。

組織や部署の責任者に図書館やその利用者のことを考えてほしいと要求する前に, まず彼らが考えていることを把握したい。彼(彼女)が大切だと考え, 求めていることは何なのか, 自分にはどうい

う役割を期待しているのか。専門図書館員は，図書館員である前に，組織の一員である。この点の理解が不足し，親機関・部署の期待するものと，実際の図書館業務との間に乖離が生ずると，図書館の存在自体が危うくなるといっても過言ではない。図書館として完璧であっても，それが所属する組織の期待と異なっていれば，組織にとってその図書館は無用の長物にほかならないからである[5]。

7.1.3 図書館が判断するニーズ

経営者や利用者のニーズは，具体的な要求として語られたものだけでは終わらない。「第4章 コレクション・ディベロップメント」で使った言葉をここに適用すれば，それは「直接ニーズ」に対して，「潜在ニーズ」「長期ニーズ」といった言葉で表現することができる。

前節で述べたことと矛盾するようだが，「直接ニーズ」を満たすことだけに専心しては，図書館としてのアイデンティティを失うことになる。図書館員として最低限やるべきだと考えていること，あるいはやりたいと思っていることがあるはずである。

・図書分類
・利用統計
・業務報告
・予算管理
・データベース構築
・利用者教育
・情報発信

などなど。直接的に要求される仕事だけに終始するのではなく，利

用者や経営者の潜在的・間接的な需要をも汲み取り，それらにも応えていく体制を整えるのは図書館員の仕事である。また広い社会的・長期的視野に立って，自館にはどういった機能が必要なのかを判断し，提言するのも，図書館員の役割である。これができて初めて，図書館は図書館としてのアイデンティティをもつことができる。そこで働く図書館員もまた，他の人々の単なるサポート業務から脱して，プロフェッショナルとしての認知を得られることになる。

7.1.4 業務内容の優先順位

全体像が見えてきたら，優先順位を決めていく。自館としては何を主要な業務とし，何を業務対象から外すのか。冒頭で述べた＜専門＞と＜非専門＞の識別である。

図書館業務はサービス業であるから，利用者の直接ニーズは当然のことながら何よりも優先される。利用者あってこその図書館であることを忘れてはならない。山のように積み上がった資料整理よりも，利用者の情報リクエストは優先されるべきだし，図書館に定期刊行物を揃えてほしいという利用者の声を無視して，自分の仕事はデータベース・サーチャーだと規定することも許されない。情報の編集などにはとても手がまわらないと思ったとしても，それが主な利用者ニーズであるなら，業務に組み入れなくてはならない。

その上で，これに図書館員としての自分の意見を加味しながら，全体の優先順位を作っていく。利用者は本の分類など無用だと思っていたとしても，本当にそれを業務から省いてしまってよいのか。昔の新聞も雑誌もとっておいてほしいと利用者に言われたからと

いって，本当にそれは必要なことなのか。他の媒体で代替できないのか。代替した場合，利用者にはどのような不便が生じるのか。その場合のコストは，スペースは，人手は……。利用者のニーズを尊重しながらも客観的に評価し，その重要性をプロフェッショナルとして判断することが求められている。独善的になってもいけないが，利用者に追随してばかりでもいけない。そのバランスが問題だ。

　そしてもちろん，それらは経営側から示された業務の枠組みの中で検討されなければならない。一人という人数，いくらという予算枠，これだけのスペース，こういった情報機器環境。優先順位のうち，いくつまで，どこまでを実現できるか。何をとり，何を捨てるか。何を重視し，何を犠牲にするのか。

　もし，どうしても実現したいのに現実の枠組みの中では無理だと思えることがあれば，それは経営側と相談する。利用者側に，ニーズの一部を諦めてもらわなければならないかもしれない。予算枠を拡張し，思い切った投資が必要になるかもしれない。どちらにせよ，自分一人で悩み，結論を出す前に，経営者の意向を確認しておいた方がよい。経営者側と相談する中で，新たな投資をせずとも利用者のニーズをある程度満たせる妙案が浮かぶかもしれない。自分の判断基準の不十分な点も，補完・修正してもらえるだろう。またこうしたコミュニケーションをとることで，経営側に図書館業務についての理解を深めてもらうきっかけになるかもしれない。また図書館員にとっても，経営者の考え方をよりよく知るよい機会になるだろう。経営側とのコミュニケーションは，いくらあっても無駄になることはありえない[6]。

7.1.5 業務内容の文章化

　基本方針が定まったら，それを文章化する。図書館サービスの目的を何におき，誰を主な利用者とし，どういったコレクションを揃え，どういったサービスを行う，と基本コンセプトを言葉にしてみる[7]。あるいは利用者，コレクション，サービスのそれぞれについて，専門領域，周辺領域，専門外領域の別に書き出してみる。

　一人で仕事をしていると，自分でわかっていればよいのだ，と運営方針の文章化や配布を怠りがちになる。図書館運営について文章化するよう他者から求められることも少ない。しかし文章化は，自分の判断を客観視する機会を与え，一人よがりになる危険を防いでくれる。利用者や経営者に，図書館の方針を確認してもらい，双方の理解に誤解がないようにしておくこともできる。一人だからこそ，図書館がどういった方針の下で，どういうサービスを提供していこうとしているのか，周囲に理解を求め，合意をとりつけていく作業を軽視してはならない。そして利用者のニーズに変化がみられたとき，また担当経営者が代わったときに，あるいは何かしらの業務の変更が必要と思われるたびに見直し，修正する。できたものは，図書館案内やホームページに掲載したり，経営者や利用者に配布し，マーケティング・ツールとして活用する。こうした作業の繰り返しによって，図書館がブラックホール化する（外から内が見えない）ことを避けることができるだろう。

　以下に米国専門図書館協会（SLA）の1995年年次大会において報告された専門図書館業務方針の例を2つほどあげておく。形式・文体などは自由でよい。まず自分の業務を客観的な文章にしてみよう

とする第一歩が大切だ。参考にしていただきたいと思う。

●**業務方針の例**[8]

例1：ＸＸ社○○部の社員およびマネジャーと密接な関係を維持し，彼らの情報ニーズを理解すること。またトレンドを把握し，ライブラリーが向かうべき方向を定めること。それによって，現在のニーズに的確に応えるだけでなく，将来起こりうるニーズに対する準備も行うこと。

例2：
1. ＸＸ分野におけるあらゆる情報ニーズに対し，的確に，迅速に，かつ経済的に対応できる体制を整える。
2. スペースを最大有効活用できるような，コレクションと施設のあり方を追求する。
3. 図書館，情報ベンダーなどとの社外ネットワークを維持する。
4. 新しい情報技術を積極的に学び，とり入れる。

7.2　ワンパーソン・ライブラリーの日常業務

　基本を確認できたら，次には，毎日の仕事をいかに楽しくこなしていけるかを考えよう。もちろん，ワンパーソン・ライブラリーといっても，そこに利用者がいる限り完全に孤独なまま仕事をしているわけではない。それでも基本的には，自分で自分を管理していく必要がある。マンネリにならず，毎日張りをもって仕事に取り組んでいけるような環境そのものを，自ら作っていかなければならない。

基本的なものの考え方，いくつか参考にできそうなことを以下にあげてみた。

7.2.1 柔軟な対応

　基本方針を決めたからといって，毎日が計画通りにいくわけではない。突発事は始終起こるし，重要事が重なって起こることもある。その都度，その場に応じて，自分の中で業務内容や優先順位を調整しながら，臨機応変に決めて対応していくしかない。ワンパーソン・ライブラリーでは，自分が規則である。従わなければならないマニュアルがあるわけではない。こういうサービスは普段はしないと決めていても，状況によってはすることにしてもよい。きちんとできればそれに越したことはないと承知しつつも，今日はできないと割り切ってしまうこともできる。その日その日，その場その場で，自分で自分の仕事を決め，遂行する。

　以前との整合性などにも，あまりこだわる必要はないかもしれない。昨日までしていたからといって，今日もしなくてはならない理由はどこにもない。逆に，これまでにない何かよい方法を思いついたら，今日から始めればよい。むしろ考えが固定化してしまうことをこそ恐れたい。いつも同じことを同じようにこなすということが，業務に責任をもっているということでは必ずしもない。責任をもつとは，変化に対応し，自己判断に基づいて行動し，そのリスクをとるということである。ものごとに対して常に柔軟であることこそ，責任のあるプロフェッショナルの仕事である。

7.2.2 能動的な取り組み

「やらなければならないこと」をしているだけでも,日常業務は埋まっていく。だがそれでは,「やりたいこと」が何もできないまま,月日に流されていくことになる。受け身の仕事から一歩出て,自分でやってみたいこと,自分らしさを出して工夫してみたいことに取り組みたい。新刊書を展示するスペースを飾ってみる,書棚にちょっとしたサインを入れてみる,主要な情報源についてまとめてみる,資料を色分けしてみる,利用者案内を作ってみる,などなど。創意工夫をこらして仕事を楽しむようにしたい[9]。

ワンパーソン・ライブラリーでは,誰も業務を管理しない。毎日に変化をもたせるために,何曜日は何をする日,と決めてもよい。朝の1時間は自分のしたいことをする,としてもよい。今週のプロジェクト,今月のプロジェクトを設定したり,年に一度アルバイトを雇って一気に滞貨物を片づけるのもよい。自分自身が規則だから,やってはいけないことなど何もない。大切なのは,自分で自分の仕事を作り,自分の時間を管理しながら,自分の個性を生かして,能動的に取り組む姿勢だ。

7.2.3 業務記録

昨日も今日も同じに思えても,統計や日誌は変化を伝えるものである。来館者数,貸出冊数,レファレンス受付数,また自館の蔵書数,各種のコストなどをつけ,1年前と比較してみる。またこんな利用者が来た,こんな質問を受けた,こんなことを考えたなどの記録も,後で読み返すと意外に役立つ。

ワンパーソン・ライブラリーでは毎日，自分一人で判断していかなければならないことの連続である。それについて迷いも生じるし，誰とも思いを共有できないつまらなさも感じる。だが一方，自分自身以上に自分の問題のよい相談役になれる人はない。統計や日誌によって，自分を客観化し，自分自身の仕事を見つめ，業務の見直しやプロジェクトのアイディアを考えたり，問題解決の糸口をつかんだりできる。

もちろん記録をつけること自体が目的ではないから，必要以上に手間をかけても価値は低い。あまり時間をかけすぎずに，自分にとって意味のある範囲で，効果的な記録をとりたい[10]。

7.2.4 人的ネットワーク

とはいえ，自分一人では知恵も活力も限界がある。内外にネットワークを多く作ろう。ネットワークは，具体的な資料探しや情報収集に直接的に役立つだけでなく，もっと間接的に，孤独感からの解放や，自己を再確認する手助けもしてくれる。

同じ機関内で働く人々とのネットワークでは，その組織に特有の問題を話し合うことができるし，その中での図書館の役割を相談することもできる。またワンパーソン・ライブラリーの中には組織の中心的な指揮系統から外れてしまっているために，組織内の重要な情報が伝わりにくくなっている場合も散見される。インフォーマルな機関内のネットワークは，組織内の情報にアンテナをはり，その動向を把握するのにも役に立つ。

一方，他の図書館との情報交換も大いに活用したい。毎日一人の

世界にこもって仕事をしていると、つい考え方もワンパターンになってしまい、現状を打開するよいアイディアも湧いてこない。あそこはスタッフの数が多いから、ウチとは予算規模が違うから、と思う必要はない。規模や予算に違いはあっても同じような問題を抱えていることは多く、自館で応用できるヒントを得られたりできるものだ。要は、学び取ろうとするこちらの姿勢次第である。

7.2.5 要求の主張

ワンパーソン・ライブラリーには、主張の苦手な人が多い。限られた予算とスペースと時間の中で、いかにうまくやりくりするか、そこにばかり関心がいき、守りの発想に終始してしまう。だがそこからでは、なかなか仕事が発展しない。社会全体の発展から、図書館だけが取り残されてしまう。

どうせワンパーソンだからと、与えられた環境に甘んじているのはよそう。インターネットにアクセスしたい、移動書架を入れたい、コンピュータがもう1台ほしい、など環境そのものを変える必要を感じたら、経営者に対し、堂々と主張しよう。たとえ通常の予算枠では処理できない要求でも、あっさり諦めてはいけない。導入後の具体的な効果と、それに伴う作業量やコストをまとめて、積極的な提案をしよう。理屈に合わない条件下で四苦八苦することよりも、時には思い切った投資をすることの方が、利用者にとっても親機関にとっても利益につながることは多い。図書館用語を避け、経営者が理解しやすい言葉を使うこと。現在の苦労や愚痴を連ねるのではなく、前向きな提案の形をとること。理にかなってさえいれば、経

営者もその主張を評価するはずだ（囲み参照）。

外部のセミナーに出かけたり，休暇をとったりすることも，一人で仕事をしているとなかなか主張しにくい。しかしリフレッシュは，これこそワンパーソン・ライブラリーに不可欠なものである。時には自分の小さな仕事場から抜け出て，普段はできないような勉強をする，直接つき合いのない人の話を聞くなど，広く視野を広げられるような体験をしたい。目先の損失や不利益に惑わされて，大きな損失や不利益を招くことがあってはならないだろう。

●経営者の合意をとりつける10の方法[11]

1. 期待できる効果を明確な言葉で語る
2. ビジネス用語で計画を説明する
3. 広い視野をもつ
4. 競合他者を考慮している
5. 計画が組織全体の目標の枠組みから外れていない
6. 計画が内部事情に関連づけられている
7. 計画が外部事情に関連づけられている
8. 顧客ニーズを把握している
9. ベンダーに協力を要請する
10. 同僚に呼びかける

7.2.6 施設・利用者教育

図書館のアイデンティティを最も視覚的に，かつ効果的に訴えることができるのは，その施設である。図書館として独立した空間をもてればそれに越したことはないが，ワンパーソン・ライブラリー

ではそれがかなわないことも多い。その場合でも，できるだけ書棚やキャビネット，あるいは植物やパネルを置いたりして独立した空間を作り出し，その一画が独自の機能を有した独立した機関であるという雰囲気を醸し出したい。視覚のもつ力は甚大である。

　ワンパーソンでは，"図書館に誰もいない" 時間が不可避に生じる。当然，利用者のセルフサービスに委ねなければならない局面も増える。何がどこにあるのか，機器類はどう使えばよいのかなど，各所にサインを整えておくのは基本中の基本である。サインは利用者にとって使いやすいようにしておく役割もあるが，同時に，ここが公共の場であり，一定のルールに従わなければならないということを教育するツールでもある。どの資料は帯出できないのか，貸出手続きはどうすればよいのか，使用後はどういう状態にしておかなくてはならないのか，などなど，利用者の協力を得たい事柄は山のようにある。一方で，自分が常に監視していられない以上，指示のもつ強制力には当然のことながら限界がある。また図書館の基本はサービス業であり，管理業ではないから，あまりに厳しすぎる規則は利用者の不満や反発も招く。理想は，利用者に強制されているという意識をもたせずに，自然とルールに従うような環境を作ることだろう。そのためには何が必要か。

・利用者の行動パターンを把握する（面倒だとついやらない→手間を簡略化する）
・心理状態を分析する（それがどうしてダメなのかわかっていない→利用者にルールの背景を説明する）
・視覚の力を大いに借りる（一目でそれとわかる大きなラベルを

貼る，サインに絵を入れる，人目をひくような工夫を凝らす）
・お定まりの文句を避ける（利用者一人一人に話かけているような，パーソナルタッチの呼びかけ文を考える）
・整頓を心がける（乱雑な場所は乱雑な使われ方を招く）

などなど。ありとあらゆる知恵と知識を総動員し，ユーモアを駆使して賢く利用者の誘導を試みよう。

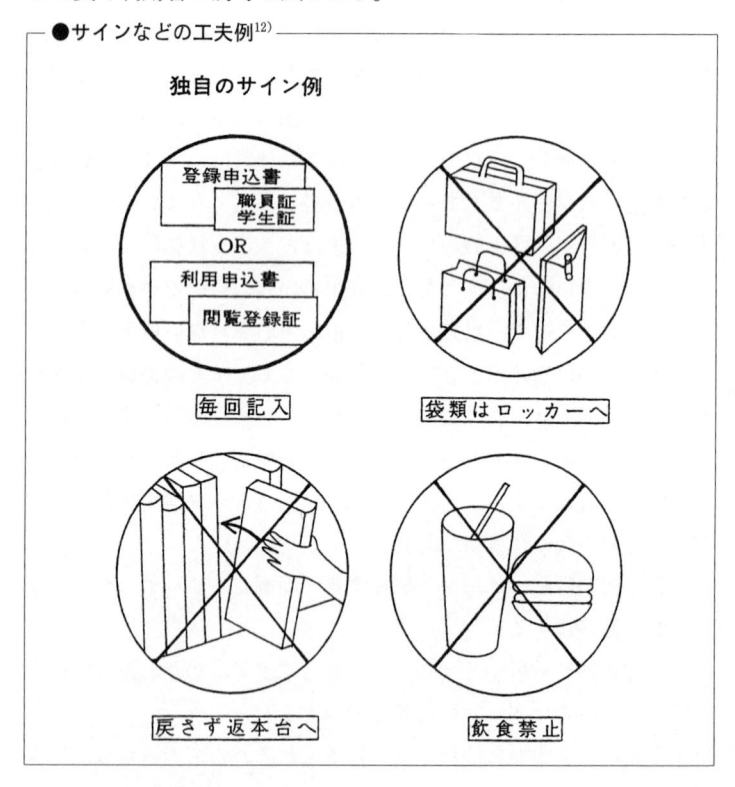

●サインなどの工夫例[12]

独自のサイン例

毎回記入

袋類はロッカーへ

戻さず返本台へ

飲食禁止

7.2.7 楽観主義

一人で仕事をしていくときに大切なことは、との問いに、多くのワンパーソンたちが「楽観的に考えること」と指摘している。あれもできない、これにも手がまわらない、と限界ばかりを嘆いてもしかたがない。それよりも、いかに仕事を楽しくするかを考えたい。今は無理でも、毎日たゆみなく進んでいけば、3年後にはできているかもしれない。実際、継続は力なりで、毎日を積み重ねていくことで、たとえワンパーソンでも驚くほどのサービス機能を備えた図書館というのもある。やりたいことを諦める必要もないが、焦る必要もない。今日の利用者は不満を口にして帰っていったかもしれないが、明日は感謝の言葉をもらえるかもしれない。できないことよりもできることを、否定的な側面よりも肯定的な側面を、過ぎたことよりも明日のことを考えよう[13]。

7.3 不可欠の存在になるには

ワンパーソン・ライブラリーは、規模が小さいだけに、親機関の事情に大きく左右され、翻弄される危険性を孕む。サービスの今以上の縮小、ひいては閉鎖など、常に安穏といていられない状況と向き合わざるを得ない。そうした「危機」が訪れたときに、「それでもあのサービスはなくせない」と経営者に考えてもらうためには、どうすればよいのか。以下にいくつかのポイントを記しておく。

7.3.1 専門性の強化

ネットワークが盛んになればなるほど、小さな図書館の生き残り

は，その専門性にかかってくるといえる。新聞記事検索なら利用者が自分の端末から自由にできる，雑誌は近くの公共図書館で見られる，専門文献の取り寄せも代行業者がいる，といった環境が作られていく中で，それでも機関内に図書館をもっていたいと思わせるには，他で得られない何がそこにあるのか，が大きなポイントである[14]。

専門性は，コレクションにとどまらない。サービスのあり方についてもいえる。あの程度のサービスならアルバイトを一人置いておけば十分，あるいは外部の調査機関を必要に応じて使えばよい，と思われてしまってはおしまいだ。お定まりの仕事でなく，情報のプロフェッショナルでなければできないサービスをいかに提供するかが問題だ。

それには普段から，自分の能力を磨くことに貪欲でいたい。
・専門分野の情報源に詳しくなる
・多岐にわたる情報収集能力を身につける
・専門分野の動向に敏感に対応する
・先端的な情報技術に詳しくなる
・ニーズを先読みして情報を組織化する
・ニーズに合わせた情報システムの構築・整備をデザインする
など，図書館業務は能力を発揮できる場所にあふれている[15]。

ましてこの情報の時代に，情報を扱うプロフェッショナルの仕事は無限大だ。組織にとっては何といっても人材が一番の財産。たとえ図書館という器を縮小することになっても，情報のプロを必要としない組織はない。

7.3.2 整理業務の効率化

　図書館業務には常に膨大な整理作業がついてまわる。書籍の注文，雑誌の受入れ，蔵書の分類，特殊資料の整備，配架，廃棄，データベース管理，統計の作成，など，手間と時間がかかる割には，人目には触れず，また報われることの少ない単純作業が綿々とある。小さな図書館ではライブラリー・オートメーションもしづらく，多くの日常業務を手作業に頼らざるを得ない側面もあるだろう。しかし，自らの専門性を磨き，情報のプロフェッショナルを目指すなら，これらの作業に自分を埋没させてしまってはならないだろう。これらをいかに効率化できるかが，自分の勉強時間や創造活動にどれだけの時間を費やせるかのキーになるといっても過言ではない。一つ一つの業務にそれだけの手間をかける意味があるのか，常に自問しながら，作業の簡素化を心がけたい。

　また親機関がオートメーション化する機会をとらえて図書館業務も機械化する，親機関のもつアプリケーションをうまく図書館業務に転用する，などの方策も考えられる。もっとも，機械化によって逆に手間を増やす場合もあるから，導入にあたっては慎重を要する。

7.3.3 図書館としての独立性

　ワンパーソン・ライブラリーの場合，調査部や研究所などの中に含まれ，組織として独立していないことも多い。一般的にみた場合，不特定多数の利用者を相手にしている図書館よりも，ある特定集団をバックにしている図書館の方が，安定した基盤を得ているといえるのは事実である。ある集団の一員であれば，完全に「ワンパーソ

ン」として独立している場合よりも、予算がとりやすい、利用者との近い関係が保てる、上司の理解も得やすい、一人で働く孤独感からも解放されるなど、よい面もたくさんある。

　しかし長期的に見た場合、あまりに一つの利用者集団と一体化し、その中だけで通用する役割に埋没してしまうと、その集団が他と統合されたり再編されたり、またその役割を変化させたりした場合、自分の行き場を失ってしまうことにもなりかねない。例えばある部署のある種のドキュメント類の整理を担当しているとして、その仕事のみに自分の役割を限定してしまうと、その資料の廃棄が図書館の閉鎖に直結する。だがもしその図書館員が、例えば電子的資料の扱いにも詳しく、データベース構築や多種の文書の分類・検索もできる能力をもっていれば、たとえ「図書館」が閉鎖し紙の文書は廃棄しても、今度は電子資料の管理や検索を担当していくことができるだろう。また、たとえその部署やあるいは組織から離れ、他の環境で新たな仕事をしていくことになったとしても、それまで培ってきたスキルを生かした職種につくことができるだろう。利用者から乖離してしまってはならない。しかし、与えられた環境の中で与えられた仕事の中だけに埋没してしまってもいけない。

　所属部署の規模にもよるが、組織上は中に含み込まれていても、図書館機能としてのある程度の独立性を保ち、他部署や他組織にも広げうるサービスの一般性・普遍性を失わずにいたい。その方が、本当の意味で長期的に強固な基盤をもてていることになる。7.1.3で、利用者ニーズに応えながらも、情報の専門家として独自の視点をもち、図書館としてのアイデンティティを確立しておきたいと述

べたのはこのためである。

繰り返しになるが，21世紀に情報のプロフェッショナルを必要としない組織はない。万一，一つの組織で職を失うことがあったとしても，手にプロフェッショナルとしてのスキルがあれば，それを武器に次なるステップアップを図ることができるだろう。

7.3.4 経営者とのコミュニケーション

利用者にさえよいサービスを提供していれば，自ずと経営者からも評価されるようになるだろう，という考え方は，残念ながら多くの場合通用しない。7.1.2で述べたように，経営者が図書館に求めていることは，多くの場合，利用者の求めとは一致していないからである。図書館の仕事を親機関に対してアピールするのは，やはり図書館員自身の仕事であろう[16]。

どのくらい図書館のサービスが利用されているか（統計はここでもとてもよい武器になる），コストを抑える努力をしているか，工夫して仕事の効率化を図っているか，など目に見えにくい活動を日常的に宣伝しよう[17]。利用者の声も，肯定・否定含めて図書館側からも伝えておくと，より複合的に図書館の状態や図書館員の抱える問題を把握してもらいやすい。

また親機関が情報サービスについて何か大規模なシステム導入を計画していたり，既存サービスの見直しを進めているなどといった噂が耳に入ったら，自分から責任者に面接を申し出たい。向こうから呼ばれるのを待っていては，千載一遇のチャンスを逃すことになる。あるいは後々まで後悔を残すことになりかねない。どういうこ

とを計画しているのか，図書館業務にも影響はあるのか。自分として何かできることはあるのか。

変化を恐れるのではなく，あくまで変革に参画する者として，図書館サービスの見直しを提言したい。利用者の情報ニーズを一番把握しているのも，これからの社会的な情報環境がどう変化していくかを見極めているのも図書館員である。よって，サービスの新たな枠組みについて一番よいビジョンを打ち出せるのも図書館員のはずなのだ。しかし，多くの経営者は残念ながら必ずしもそのことに気づいていない。だから，意見を求められるまで待つのではなく，自分から積極的に提言していく姿勢をもとう。そうすれば，図書館の役割について認識を高めてもらうことができるかもしれない。新たな情報サービス体系を，図書館の役割を組み込んだ形に修正してもらうこともできるかもしれない。

ジェームズ・マタラッツォの『企業図書館の閉鎖：決定過程のケーススタディ』では，図書館の閉鎖が図書館員の知らないところで決定されていく事例がいくつも紹介されている[18]。それは，図書館員にとって悲劇であるだけでなく，その利用者，また企業にとっても結果的に不利益をもたらすことになる場合が多い。情報ニーズの様相に一番精通している図書館員が，積極的にその組織における役割をアピールしていくことは，その利用者や組織に対する責務でもある。

7.3.5 想像力と創造力

親機関の意向で，二人でやっていたのが「ワンパーソン」になる，

あるいはすでに「ワンパーソン」でやっているのに、それ以上に予算やスペースを減らさなければならない、といったことがある。そのときに、それをすぐに無理だ、できないと諦めないようにしたい。ギリギリに絞っているようでも、どこかにまだ、改善の余地はあるかもしれない。分類は本当に必要なのか、貸出業務は今のままの方法しかないのか、この統計はとらなくてもよいのでは、など、すべての業務は疑ってみる価値がある[19]。

　一人というのは限界を多く抱えているようでいて、案外、多人数を抱えている組織よりも融通がきき、さまざまな問題に柔軟に対応していける利点がある。単なる業務の縮小と考えず、業務内容の再構築あるいは再出発と考え、始めの基本方針の設定からやり直そう[20]。想像力をたくましくして、知恵を絞り、ダイナミックな創造力を発揮したい。

7.4　ワンパーソン・ライブラリーの可能性

　ワンパーソン・ライブラリーでは、レファレンスだけ、受入れだけ、といった限られた業務だけを担当するのではなく、全体を見ながら、あらゆる業務をトータルに進めていける。大図書館では遊離しがちなレファレンス・サービスとコレクション・ディベロップメントの連動も容易だし、利用者ニーズを分類・配架法や情報発信にすぐに反映させていくことも難しくない。施設上の問題が図書館全体に及ぼす影響を判断することも、一つのネットワークを3通りにも4通りにも活用することも、多人数の組織にいるよりずっと簡単にできる。利用者に合わせてきめ細かな暖かいサービスを提供する

という意味では，ワンパーソン・ライブラリーほど優れたところはないだろうし，業務に創意工夫や個性を活かして，自分の個性を図書館の個性としてしまえるのは，まさにワンパーソンの醍醐味である。ある意味では，大きな図書館よりずっと可能性に満ちているし，図書館業務の原点がここにあるといってもよい[21]。

業務を楽しくするのも，つまらなくするのも自分自身である。人手も時間も予算もスペースも，ないないづくしの日々の中で，この図書館を自分が作っているという実感がもてれば，これほどやりがいのある仕事もそうあるものではない。自己と自己が作り上げる図書館との可能性を信じて，たくましくたゆみなく進んでいきたい。

引用文献・注

1) 専門図書館協議会『専門情報機関総覧 1997』丸善，1997，p.782
2) 戸田光昭「専門図書館のレファレンス・サービス」『レファレンス・サービスの創造と展開』(論集・図書館学研究の歩み 第10集) 日外アソシエーツ，1990，p.184
3) J.M. Matarazzo and Laurence Prusak, *The Value of Corporate Libraries*, Special Libraries Association, 1995 では，企業図書館に所属する数百人全体に少しずつサービスするよりも，ある特定の部署や人々に絞ったサービスを充実させた方が図書館の存在価値を高められるとしている。
4) 上野友子「経営者による企業図書館の評価」『専門図書館』No.153, p.59-63，1995
5) Mary Ellen Bates, "Avoiding the Ax: how to keep from Being Downsized or Outsourced" *Information Outlook*, October 1997, p.18-21
6) N. Bernard Basch, "Conclusion : Closing the Service Gap" *Spe-*

cial Libraries, Spring 1990, p. 99-101 または, Patricia L. Morrison, "Start-Up Information Centers: How to Keep Them in Business" *Special Libraries*, Winter 1991, p. 19-22

7) 例えば, 真銅解子「ワンマンライブラリーの管理と運営」『専門図書館』No.145, p. 23-29, 1993 を参照。

8) Guy St. Clair, "On Your Own But Not Alone: Management for the One-Person Library" (1995 SLA Annual Conference) より抜粋・編集。

9) 松下美子「ワンパーソンライブラリーでの工夫」『専門図書館』No. 130, p. 106-110, 1989 には, 多くの楽しいアイディアが語られている。

10) Fanne M. Fredenburg, "Quality Assurance: Establishing a Program for Special Libraries" *Special Libraries*, fall 1988, p. 277-284

11) Edward B. Stear, "The Successful Manager" *Online*, May/June 1997, p. 103

12) 松下美子, 前掲論文など

13) Arlene Farber Sirkin, "Time Servers/Stress Savers for Solos: Dealing with Difficult Customers" (1995 SLA Annual Conference)

14) 林聖子「調査研究機関における灰色文献の利用」『情報管理』37(12), p. 1096-1106, 1995.3 ではワンパーソン・ライブラリーながら灰色文献の収集に取り組んでいるケースをみることができる。

15) 真銅解子「情報センスのみがき方」『専門図書館』No.166, p. 19, 1997 は, 日頃からどういう情報収集をしてセンスを磨いていくか, 参考にできる。

16) Kevin P. Kearns, "Managing Upward : Working Effectively with Supervisors and Others in the Hierarchy" *Information Outlook*, October 1997, p. 23-28

17) Alice Sizer Warner, "Special Libraries and Fees" *Special Libraries*, fall 1989, p. 275-279

18) James M. Matarazzo, *Closing the Corporate Library: Case Studies on the Decision-Making Process*, Special Libraries Association, 1981 では，アメリカのある週にあった5つの企業図書館の創設から閉鎖までが紹介されている。企業図書館がどのような経緯で生まれ，なくなっていくのか，多くの示唆に富む報告がなされている。
19) 中村槇子「一人もまた楽し!?」『専門図書館』No.149, p. 18-19, 1994参照。
20) 京藤松子「図書館のリストラクチャリング」『専門図書館』No.148, p. 38-41, 1994
21) "The Smartest Little Library in America" *Inc. Magazine*, January 1999 (邦訳「アメリカで一番賢い小さな会社」『専門図書館』No. 176, p. 13, 1999) では，企業内のあらゆるニーズに応えていく小規模ライブラリーの実践が報告されている。

参考文献

1. *Managing Small Special Libraries* 1992, Special Libraries Association, 1992
2. Flying Solo (SLA Solo Librarians Division's Newsletter) 1995-98
3. The OPL Manifesto: One-Person Librarianship in The Information Services Profession (Guy St. Clair, "Solo Power: How One-Person Librarians Maximize Their Influence" *Information Outlook*, December 1997, p. 27-33 所収)

また以下の方々には，直接訪問して実際にワンパーソン・ライブラリーの運営を見学させていただいたほか，草稿も読んでいただき，多くの貴重なご意見をうかがうことができた。ここに記して，感謝の意を表したい。

都市開発協会都市問題資料室・松下美子氏，東レ東京資料室・真銅解子氏，日本立地センター立地情報室・林聖子氏，リーマン・ブラザーズ証券

会社図書室・西村理恵子氏, 日本システム開発研究所図書室・山口幸子氏, 東京電力資料室・富岡孝子氏。(順不同)

執筆後記

　この原稿を執筆した後, 2000年6月『専門図書館』の「特集：ワンパーソン・ライブラリー」(No.181, 2000-I) が発行された。さまざまな専門図書館で働く10人のワンパーソン・ライブラリアンたちが, それぞれの試行錯誤や意見を開陳しており, 非常に多くの示唆に富む優れた一冊となっている。ワンパーソン・ライブラリアンに限らず, すべての専門図書館員に一読をお勧めしたい。

索　引

[あ行]

アウトソーシング　129
アクセスポイント　105
遊び心　135
アンケート　39
インターネット　3, 90, 113, 157
インターネット情報資源　162
イントラネット　166
インハウス・データベース　107
インパクトファクター　65
運営方針　25
エクストラネット　169
SDI　127, 133
OJT　50
親機関内での位置づけ　21
オンデマンド・アクセス　89
オンライン商用データベース　89, 162

[か行]

外部研修　50
カレント・アウェアネス　133
管理項目　24
機能組織　20
機能の共有化　174
9割方図書館　63
業務管理　31
業務記録　195
業務内容の文章化　192
業務内容の優先順位　190
経営計画　27

経営者とのコミュニケーション　205
経営者ニーズ　188
経営体　18
経営体としての能力　18
携帯電話　165
検索エンジン　160
検索プロセス　121
研修　117
顧客満足度　23
互恵意識　174
コレクション　24, 59
コレクション収集レベル設定例　82
コレクション・ディベロップメント　61
コレクション・ディベロップメントにおける情報化の利用　70
コレクション・ディベロップメントの計画　77
コレクション・ディベロップメントの評価　79
コレクション・ディベロップメントの費用対効果　62
コンテンツ・サービス　134

[さ行]

雑誌の選択と見直し　64
雑誌の費用対効果　64
サービス産業　23
資格　49
資金　24
自己評価　40
施設　25

収集　94, 116, 120
主題知識　95, 125
情報アクセス環境　3, 5, 113
情報環境　2
情報源の組織化　118
情報資源　142, 177
情報資源共有化ネットワーク　171
情報資源収集方法　159
情報資源の有効活用　177
情報取得ニーズ　99, 103
情報資料費　33
情報蓄積・提供拠点　148
情報ナビゲーター　146, 156
情報ニーズ　6, 99
情報の囲い込み　172
情報の選択　119, 124
情報発信　97, 127, 133
情報モール　12, 13, 97
情報流通経路　5
書誌目録　106
所蔵案内　103
所有か調達か　65, 115
資料の情報化　18
人的ネットワーク　96, 131, 196
スタッフ　24, 45
スタッフの研修　50
スタッフの知識　48
スタッフの能力　48
スタッフの評価　36, 120, 127
スタッフの評価尺度　37
スタッフの評価対象　36
スタッフの評価対象項目　36
整理業務　203
セレンディピティ　7
潜在ニーズ　68
専門図書館　1, 140

専門図書館協議会　130, 175
専門図書館の存在特性　140
専門の確立　95, 201
組織　17
組織内ネットワーク　155

[た行]

代行検索業者　129
知的刺激ニーズ　100, 132
チームワーク　51
長期ニーズ　69
調査サービス会社　129
調査ニーズ　100, 129
直接ニーズ　61
デジタル情報の保存に関するタスクフォース　76
データベース検索　89, 109
データベース構築　107
テーマ・ライブラリー　12, 13, 97
電子ジャーナル　165
電子情報資源における問題点　73
電子情報資源の選択基準　71
電子図書館　2, 8, 10, 11
電子メール　164-165
伝統的レファレンス・サービス　87
図書館が判断するニーズ　189
図書館協力　150-151
図書館資源環境の変化　141-142
図書館相互貸借制度　110
図書館存在のPR　169, 172
図書館ネットワーク　152, 159
図書館の本質　4
トータル・ネットワークシステム　152

[な行]

ナビゲーション　104, 119

ナレッジ・センター 94, 118, 178
ナレッジ・マネジメント 46, 177, 178
ナレッジ・ワーカー 46
ネットニュース・グループ 164
ネットワーク 96, 139, 142
ネットワークシステム 150
ネットワーク情報資源 144-145

[は行]

配架 88, 104, 135
配列 116
バーチャル・ライブラリーの問題点 73
PHS 165
表示サイン 199
ファシリテイター 156
プッシュ・サービス 127
ブラウジング 134
プレゼンテーション 125
雰囲気の冥利 136
文献アクセス 113
文献調達 109
文献提供サービス業務 26
分類 88, 94, 116
編集 94, 125
ポータル・サイト 9, 161
ホームページ 115, 133

[ま行]

マネジメント・サービス 157
メーリングリスト 164
メール・マガジン 164

[や行]

役割と機能 141-142, 145-146, 154, 156, 168, 178
要求の主張 197
予算 27
予算費目 29
予算編成 28
予実管理 31

[ら行]

ライブラリー・オートメーション 106, 203
理解ビジネス 92
利用者教育 117, 198
利用者サービスの展開 148
利用者ニーズ 99, 187
利用者ニーズへの対応 147-148
利用者ニーズの変化 146
利用者の評価 39
利用統計 40
レファレンス・インタビュー 120, 122
レファレンス記録 51, 126
レファレンス・サービス 119
レファレンス・リクエストにおけるねじれの修正 111, 122
レフェラル・サービス 130

[わ行]

ワークフロー 26
ワンパーソン・ライブラリー 185

執筆者紹介

豊田恭子（とよだ・きょうこ）
　J.P. モルガン・ビジネスリサーチセンター
　専門図書館協議会国際交流委員会副委員長
　情報科学技術協会『情報の科学と技術』編集委員会委員
　Special Libraries Association（SLA）会員

藤井昭子（ふじい・あきこ）
　メリルリンチ証券会社東京支店情報資料室
　Special Libraries Association（SLA）会員

山田獎（やまだ・まさし）
　野村総合研究所ナレッジソリューション部門事業企画室
　専門図書館協議会幹事，研修委員会顧問

山本達夫（やまもと・たつお）
　石川島播磨重工業技術開発本部技術企画部
　科学技術振興事業団東京流通情報研究会運営委員長
　情報科学技術協会監事
　専門図書館協議会幹事，企画委員会ワーキンググループ長

吉崎保（よしざき・たもつ）
　鹿島建設技術研究所企画管理室
　科学技術振興事業団『情報管理』編集委員会委員
　日本図書館協会出版委員会委員
　専門図書館協議会幹事，出版委員会委員長
　専門図書館協議会関東地区協議会幹事，科学技術分科会担当

視覚障害その他の理由で活字のままでこの本を利用できない人のために，営利を目的とする場合を除き「録音図書」「点字図書」「拡大写本」等の製作をすることを認めます。その際は著作権者，または日本図書館協会までご連絡ください。

EYE LOVE EYE

図書館員選書・22
専門図書館のマネジメント　　定価：本体2,000円（税別）

2000年10月20日　初版第1刷発行

©著　者　豊田　恭子，藤井　昭子
　　　　　山田　獎，山本　達夫
　　　　　吉崎　保

発　行　社団法人　日本図書館協会
　　　　東京都中央区新川1-11-14
　　　　〒104-0033　☎ 03(3523)0811

JLA 200028　　　Printed in Japan　　　船舶印刷

ISBN4-8204-0022-3　C3300　Y2000E

本文の用紙は中性紙を使用しています。

"図書館員選書" 刊行にあたって

　図書館法が発効してから35年が経過した。この間，わが国の図書館は戦後の廃墟の中から大きな発展を遂げた。この発展を支えてきたのがそれぞれの現場で仕事を積みあげてきた図書館員たちであり，われわれの先輩たちであった。これらの図書館員たちは日本図書館協会に結集し，その蓄えた知識と理論を共有し広めるため，1966年「シリーズ・図書館の仕事」を発刊した。あれから20年，「シリーズ・図書館の仕事」は25巻を発行する中で図書館の仕事の基本を示し，若い図書館員を育て，経験豊かな図書館員を励まし，そして，今，新しい時代にふさわしく「図書館員選書」として生まれかわった。

　めまぐるしく変わる情報技術，求められる新しい図書館経営のあり方，そのような社会的情況の中で「利用者の要求を基本」とする図書館のあり方を探る「図書館員選書」は新しく図書館学を学ぼうとする人，日常の仕事の中で手元において利用する人，研究の入門書として使用する人々のためにつくられたものである。

　願わくは「シリーズ・図書館の仕事」の成果と先人の意志を受けつぎ多くの図書館員や研究者がそれぞれの現場での実践や研究の中から新たな理論を引き出し，この「図書館員選書」を常に新鮮な血液で脈打たせてくれることを希望して刊行の辞としたい。

1985年12月

日本図書館協会出版委員会
委員長　大　澤　正　雄